图解 **精益制造**051

丰田失败学

トヨタの失敗学：
「ミス」を「成果」に変える仕事術

日本OJT解决方案股份有限公司 著

陈丽仪 译

人民东方出版传媒
People's Oriental Publishing & Media
東方出版社
The Oriental Press

图字：01-2017-8336 号

TOYOTA NO SHIPPAIGAKU

© 2016 OJT Solutions, INC.

First published in Japan in 2016 by KADOKAWA CORPORATION, Tokyo.

Simplified Chinese translation rights arranged with KADOKAWA CORPORATION, Tokyo through Hanhe International (HK) Co., Ltd.

图书在版编目（CIP）数据

丰田失败学 / 日本 OJT 解决方案股份有限公司 著；陈丽仪 译. —北京：东方出版社，2018.1

（精益制造；051）

ISBN 978-7-5207-0019-1

Ⅰ.①丰… Ⅱ.①日… ②陈… Ⅲ.①丰田汽车公司—工业企业管理—经验 Ⅳ.①F431.364

中国版本图书馆 CIP 数据核字（2017）第 306375 号

精益制造 051：丰田失败学

（JINGYI ZHIZAO 051：FENGTIAN SHIBAIXUE）

作　　者：	日本 OJT 解决方案股份有限公司	
译　　者：	陈丽仪	
责任编辑：	崔雁行　郭伟玲	
出　　版：	东方出版社	
发　　行：	人民东方出版传媒有限公司	
地　　址：	北京市东城区东四十条 113 号	
邮　　编：	100007	
印　　刷：	北京京都六环印刷厂	
版　　次：	2018 年 1 月第 1 版	
印　　次：	2018 年 1 月第 1 次印刷	
开　　本：	880 毫米×1230 毫米　1/32	
印　　张：	6.5	
字　　数：	112 千字	
书　　号：	ISBN 978-7-5207-0019-1	
定　　价：	58.00 元	

发行电话：(010) 85924663　85924644　85924641

对丰田而言，"失败"一词是不存在的。

当然，现场出现产品质量问题、操作失误或纠纷是司空见惯的事。有时，甚至会出现需要召回产品的情况。可即便如此，在丰田的现场，我们依然听不到"失败"一词。

为什么？

因为，丰田不会对质量问题或操作失误置之不理，而是会将其视为"改善的机会"。

即便人们都不正视"失败"，丰田也绝不会放弃。丰田会让大家一起探究失败的真正原因，思考问题的"答案"。

对丰田而言，"失败"可以让人更好地完成工作，是构筑强大组织的宝贵的学习机会。

没错，失败才是与成功相连的"宝藏"。

目　录

第 2 章 | 让失败 "可视化"

第 3 章 | 变失败为 "成功" 的技巧

第 4 章　**灵活处理失败问题的交流方法**

第 5 章 ┃ **失败孕育创造**

前　言

　　"失败是坏事"——这是世人的惯性思维。因此，每个人都抱着"不要失败"的想法在工作。

　　如果失败了就会受到上司的斥责……

　　如果出了问题就会给其他人带来麻烦……

　　如果失败了就得承担责任……

　　正因为可以预想到这些情况，人们才会产生下述的这些想法：

　　"希望工作可以顺顺利利地进行。"

　　"失败了，千万不要让别人发现。"

　　"被发现了就尽力蒙混过去。"

　　但是，人们越是抱有"必须避免失败"的观念，越容易对失败视而不见。于是，同样的失败就会一再出现，事态也会不断恶化。此外，如果人们不敢挑战新鲜事物或困难的话，职场中的团队合作与自身的发展也将会受到限制。

2015 年，丰田的汽车销量超过了 1000 万辆，位居世界第一，净利润突破了 2 万亿日元。仅从结果来看，也许人们会把丰田看成业绩令人瞩目的优良企业。

然而，回顾丰田的历史，可以发现它的发展绝对不是一帆风顺的。过去，丰田既有出现严重赤字的时候，也有召回产品给顾客添麻烦的时候。2009—2010 年，丰田在美国出现了大批量的质量问题，丰田章男社长在美国议会的公开听证会上出席作证。这些事，一般都会被理解为"失败"吧。

当代表日本的知名大型企业都因为经济不景气、事业萧条或丑闻而慢慢失去往日的荣光时，丰田尽管不断地重复出现通常被认为是"失败"的状况，至今为止却仍在不断地发展。

这是为什么呢？

解开这个谜团的钥匙就蕴藏于丰田的"现场"中。

本书内容主要选自从 20 世纪 60 年代前期至 21 世纪初期在丰田工作，之后转到日本 OJT 解决方案股份有限公司（位于爱知县名古屋市）担任培训师的原管理监督人员所提供的轶闻的精华部分，可供丰田以及丰田以外的商业人士学习与应用。

活跃在丰田一线的培训师异口同声地说："虽然丰田的现场也会发生很多问题和事故，但是我们几乎没人认为这是'失败'。"

当然，如果只就发生过的状况而言，丰田也会有失误或故障等大小各异的失败，但至少从现场这个层面来看，"失败"这个概念是不存在的。

将失败置之不理的话，它就真的会变成字面意思上的"失败"。但是，如果直面失败并吸取教训的话，失败就会变成改善工作的一环，"失败"就不会以失败告终。

即使出现了产品质量问题，丰田内部也不会将失败的责任归结到一个人身上，而是会发动现场的成员一起努力思考失败的原因，绝对不会放弃。然后，丰田会彻底查出引发问题的真正原因，积极采取对策以避免再度出现质量问题，并将这样的对策用于其他流水线与工厂。由此，整个组织就强大起来了。

也就是说，**在丰田的现场，为了制造出更好的产品，问题或故障被当成了"改善的机会"**。

对丰田而言，一般人所谓的"失败"，并不是需要强制某个人承担责任、无法挽回的过失。

对于在丰田现场工作的人员而言，"失败"是与改善相连的

机会，也是与成果相接的"宝藏"。

正因为"将失败当作宝藏"这样的文化从丰田生产现场一直渗透到了高层，所以即便发生了不可预料的状况，丰田也能够马上进行反省与改善，不断成长为更强大的组织。

因此，在丰田现场，人们不说"失败"，通常使用的词语是"问题""质量不合格""过失"。虽然本书为了方便使用了"失败"一词，但它表示的是"过程中的失败"，而不是"结果上的失败"，这一点还请各位理解。

无论在何种企业、何种工作岗位上都会有失败，这是无法避免的。不管是什么工作，人们都面临着"如何从失败中吸取教训完成后续工作"的问题。

作为本书书名的"丰田失败学"，可以被应用于各个行业与公司，是具有普遍性的原理和原则。笔者坚信，它不仅对工厂从业人员有着深刻的学习价值，对办公室一族而言也意义非凡。

实际上，由丰田前职员组成的日本 OJT 解决方案股份有限公司，其培训指导的企业并不只是国内的制造企业，还包括零售业、建筑业、金融保险业、批发业、服务业（医疗机构、福利院、酒店等）的企业，甚至还包括国外的制造企业，涉及各种各样的地区、行业和职业，取得了显著的成效。日本 OJT 解决方案股份有限公司的指导对象企业至今已多达约 300 家。

　　丰田失败学绝对不是只能应用于像丰田那样的大企业的思考方式与诀窍。

　　如果本书能为读者打破对"失败"的负面印象提供契机，将无比荣幸。

　　希望本书能够启迪职场中的人们，让他们抱着"将失败的经验教训运用到以后的工作中"的心态去工作，让职场变得更加具有活力。

日本 OJT 解决方案股份有限公司

本书丰田用语的说明

班长、组长、工长、科长

本书提及的丰田职位制度。"班长"是从入职 10 年左右的员工中选拔出来的，作为现场的领导，最初只有 10 人以下的下属。在其上有管理数名班长的"组长"，之后是管理组长的"工长"，再往上则是领导工长以下数百名下属的"科长"。现在"班长"这个称呼已经被"TL"（Team Leader）取代。

自働①化

"有异常情况发生时，立即停止机器或流水线的运作"这一

---

① 日文汉字"働""動"被翻译成中文时，均使用"动"。本书中保留使用日文汉字"働"。丰田生产方式中的"自働化"源于丰田佐吉发明的自动织机，这种织机在出现断线或缺线等情况时，会自动停止运转。换言之，它并非只会持续运转的"自动化"机器，而是能够避免制造出残次品的机器，就像拥有人的智慧一样，因此加上了人字旁，于是便有了"自働化"这个词，后来其逐渐发展为一种制造业的思维方式。——编者注

思考方式从丰田的创立者丰田佐吉时代沿袭至今，是丰田生产方式的支柱，即通过停止运作查明异常的原因，进而改善产品。以这种思考方式为基础产生的，是通过亮灯来表示发生异常状况的装置——"故障灯"。

Just In Time

与自働化并称为丰田生产方式的支柱思考方式。从现场开始就杜绝浪费，提高作业效率，即"只在必要的时候做必要的事情"。

5S

整理、整顿、清扫、清洁、素养的日语首字母都是S，因此合称为"5S"。5S的目的不是单纯地将物品、场地收拾得干净整齐，而是让问题和异常状况一目了然，使改善更容易推进。

标准

标准是指现阶段各项作业在品质、成本方面所能采取的最佳做法和条件，通常可以通过改善得到进化。工作人员以此为基础促使工作顺利进行。常见的有作业要点书、作业指导书、品质检测要点书和刀具更换作业要点书等。此外，还有凝聚了现场工作智慧的入门书。

现场、实物

"观察现场可以发现真相"，这是丰田现场的一种重要思考方式。丰田认为应当根据观察现场实际发生的情况，以及真实的商品或产品来做判断。

横展

"横向展开"的略称。这是丰田生产方式的用语，表示将在某一流水线或工厂所成功实施的对策推广到其他类似的流水线或工厂中。

非正式活动

与以工作岗位为中心的纵向联系不同，这是与其他部门、其他工厂的员工通过交流会、相互切磋或文体活动，达到活用横向联系来交流的活动。也有根据职位创立的团体会（班长会、组长会、工长会），根据入职形态不同成立的团体会，等等。

可视化

即在组织内部共享信息，致力于现场问题的早期发现、效率的提高和问题的改善。其方法多种多样，例如可以用图或表格来进行信息的可视化等。

第 **1** 章

丰田的改善
从"失败"开始

01 ｜ 失败是改善的种子

> 在丰田，问题或错误并非"失败"。相反，它们被认为是能够让人更好地完成工作的"改善的种子"。

在丰田现场，失误、质量问题、故障等极为常见。从个人的角度来看，员工失败也不在少数。但是，在丰田，人们从不说"失败"，在会议等场合讨论问题或故障的对策时也不会使用"失败"这个说法。

在日本 OJT 解决方案股份有限公司担任专务理事的森户正和说：

"丰田常常用'问题'或'质量不佳'等词来代替'失败'，因为这些是应该被查明原因然后解决的问题。所以，我们必须向前迈进。但是，如果将失败理解为'失去''败北'，失败就会给人一种无法修复、就此止步的印象。因此，无论发生了什么样的问题与故障，不将其作为失败来应付，而是想着必须挽回损失，让自己可以更进一步。这也许就是我们任性的地方。"

在失误或质量问题出现的时候，查明原因，思考避免重蹈覆辙的策略，这样不仅可以提高工作质量，也可以让自己更值得信赖。

失败是改善工作的机会。

通过改善提高劳动生产率

提起丰田，很多人会想到"改善"一词。

改善这一理念是丰田生产方式的支柱。如今，在丰田以外的制造业领域中，改善活动也在如火如荼地进行着。

通过改善，可以彻底地解决现场的浪费等问题，提高劳动生产率。丰田现场总是在不断地改善，这已经成为一种深入人心的文化。

对丰田来说，现场发生的问题、产品质量不佳和工作失误都是改善的对象。通过采取对策避免再度发生同样的问题，能够有效提高劳动生产率。

在丰田，"失败是改善的种子"。

"问题" 联结着更好的工作

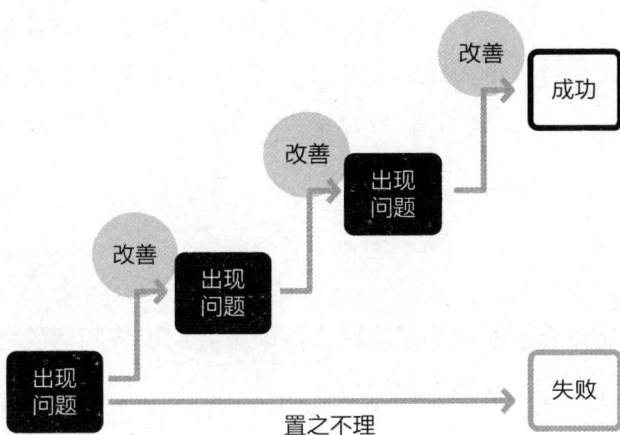

改善

成功

改善

出现
问题

改善

出现
问题

出现
问题

失败

置之不理

改善问题的好处

⋯⋯⋯⋯⋯⋯⋯⋯⋯⋯⋯⋯

→ 切实地接近成功
→ 防止再度发生同样的问题
→ 提高劳动生产率与工作效率
→ 周围的人会更加信任你

02 直捣"真正原因"

> 一次失败的背后必然隐藏着导致失败的真正原因。如果不能经由改善找出真正原因并加以解决的话，同样的失败还会发生。

之所以会不断地重蹈覆辙，是因为我们曾将问题置之不理，没有排除引发问题的真正原因。

培训师原田敏男在某个培训地点目睹了这样的场景。

在该工厂，一旦有质量问题出现就要报告给品质管理部，这已经成了一种规定。

当出现质量问题时，现场的责任人每次都会在提交的报告上写道："这属于管理人员的判断失误。"

为了将责任推到管理人员个人头上，责任人不查明出现质量问题的根本原因，而是每次都写上"判断失误"，所以每次都会出现同样的质量问题。而品质管理部的态度也是"只要提交了报告就可以了"，并不督促相关人员从根本上解决质量问题。

每次报告都只是记录了流于表面的对策，徒有形式，所以该工厂每次都在同样的质量问题上重蹈覆辙。

而在丰田，一旦问题出现，首先要思考的是造成这种问题的真正原因是什么。因为如果不找出问题的真正原因并解决它的话，问题就会不断地重复出现。

失败必有其真正原因。

找到了这个真正原因，我们才能解决问题，防止重蹈覆辙。

此外，当同样的问题多次出现时，我们应该想到之前只不过是排除掉了表面的原因，真正原因其实并没有找到。

丰田不是以"今后会好好注意""会谨慎行事"为句点画上句号，而是如本章 03 节所说的那样，将"为什么"重复 5 次，查明真正原因。

在"恶魔丁字路"上事故多发的真正原因是什么？

在培训师桥本亘工作的工厂，据说有条被称为"恶魔丁字路"的道路。

从厂区道路到公路铺路的丁字路口上没有信号灯，沿着左转弯的车道汇入车流时，需要一边确认右边有没有车一边转弯。此处接连发生了4起追尾事故。

　　每一起事故都是从厂区道路出来要左转弯上辅路的车，追尾撞上了前面想要左转弯的车。

　　在发生一系列的事故后，工厂果断采取了措施，例如拉起提醒人们注意的横幅、在丁字路上设置监视人员等。遗憾的是，虽然工厂采取了很多对策，但是都没有成效。此外，工厂方面还向交管申请，希望能给路口装上信号灯，最终也没能实现。

　　不过，经过反复尝试，工厂终于找到了问题的真正原因。

　　在丁字路上，有一条引导车辆驶入辅路合流的标线，司机左转弯的时候，会依照这条标线前进，同时，也会留意从右面驶来的车辆。但是，当右边驶来的车流间断的时候，许多左侧车辆上的司机就会判断"就是现在"，继而断断续续地驶入辅路，这个时候，前后车辆的行驶时机和行驶速度就会出现偏差。前面的车减速，后面的车却提速了，追尾事故就这样发生了。也就是说，发生事故的原因就在于一方的车没有让行，而另一方的车则断断续续地出发。

　　据此，桥本他们采取了将左转弯合流标线去掉的措施。于是，这里就像普通的丁字路一样，前面的车开出之后，司机会先在丁字路暂时停车确认从右方驶来的车辆情况再左转，这样事故就不再发生了。因此，真正原因就是"左转弯合流标线"。

如果只把原因归结于"司机的粗心大意"，为思考画上句号的话，事故恐怕还会发生吧。

不找出问题的真正原因并解决它，同样的问题将会不断出现。**重蹈覆辙就是将问题的真正原因置之不理的真实写照。**

"恶魔丁字路"的改善案例

改善前

前进方向

合流标线

多辆汽车断断续续地发动。前后车辆的车速不一致会导致追尾

多辆汽车一边留意着右方驶来的车辆情况，一边试图抓住汇入车流的时机

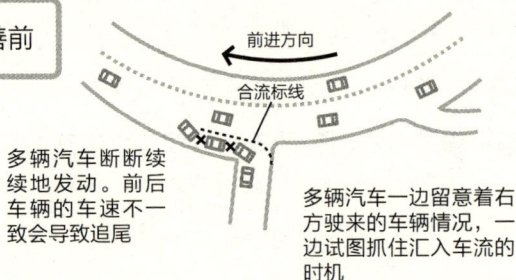

⌄ 变成通常的左转弯丁字路

改善后

前进方向

停车线

只有一辆想要左转的车，只需要确认右方驶来的车辆情况就可以了

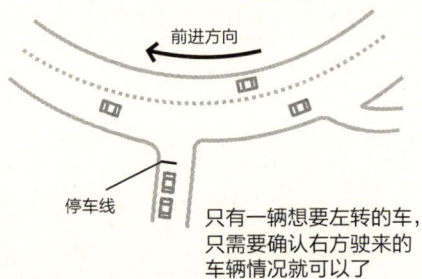

左转弯合流标线就是真正原因，去除合流标线后事故就不再发生了

03 | 首先问
"发生什么事了?"

当问题出现的时候,丰田不会斥责员工,因为查明引发问题的真正原因是最优先做的事情。

在丰田,即便下属失败了,上司也不会火冒三丈地斥责:"看你都干了些什么!""赶紧想办法补救啊!"

丰田认为导致失败的原因并不是个人,而是组织架构,对既成事实加以指责并不会让问题得到改善。与其这样,**不如在想办法找到问题的真正原因方面、改善状况方面,还有构筑防止问题再度出现的组织架构方面倾注精力**。

因此,面对失败,丰田的上司基本上不会对下属发怒,而是首先询问原因。

"为什么会发生这样的事情呢?"

每当问题出现，在丰田各处总能听到"去查明真正原因"这句话。他们之所以问"为什么"，是为了在确认事实、把握状况的基础上查明真正原因。

在丰田，有一种为了查明真正原因反复问 5 次"为什么"的文化，简称"5 次为什么"。

一般情况下，只问一两次"为什么"是无法找到引发问题的真正原因的。不善于解决问题的人在找到真正原因之前就会断言："这就是真正原因。"

正因如此，我们有必要 3 次、4 次、5 次执拗地反复问"为什么"，直逼真正原因。

比如说，在本章 02 节中我们列举的"恶魔丁字路"的交通事故案例中，真正原因就是马路上的"左转弯合流标线"。

即便思考了"为什么"，但是如果在想到"因为在前面车辆减速的同时后面的车辆加速了"这一阶段就不再往更深处挖掘原因的话，就只会采取"留心前方车辆的情况再发动汽车""张贴'注意前方'的横幅"这样的对策。然而，由于并没有发现问题的真正原因，即便采取了这些措施，也无法防止事故的频频发生。

直到"没办法更进一步深入研究'为什么'了"为止，不断深入思考，才能挖掘问题背后的真正原因。

当然，根据情况不同，有问 3 次"为什么"就能发现真正原因的情况，也有重复了 10 次才找到真正原因的情况。

重要的是，**我们不要武断地认为"这就是真正原因"，而应该打破砂锅问到底，耐心地找出引发问题的真正原因。**

在这一点上偷懒的话，同样的失败就会再度发生。

工作失败的时候，要反思："为什么会失败呢？"自问自答的形式能够有效激活我们的大脑，引导我们探索真正的答案。

"为什么"并不是质问

下属失败的时候，问"5 次为什么"是有效果的。通过与下属一起思考真正原因，可以防止出现同样的问题。

不过，询问"为什么"的方式需要稍微注意一下。

在日本 OJT 解决方案股份有限公司担任专务理事的森户正和说："也有错误地理解了'5 次为什么'的案例。"

"'为什么'这种说法，听上去有点像在质问对方。根据说话方式不同，应该也有人会感觉这是在斥责'为什么你会做这么愚蠢的事情'吧。实际上，在国外'5次为什么'很难为人所接受。甚至有人开玩笑说，第一次问'为什么'会让气氛变得紧张，第二次问'为什么'则会成为吵架互殴的导火线。

对自己的失败自问自答'为什么'倒也还好，想要让对方思考的时候，注意语调问题，询问'发生什么事了'也许会更亲切一点。总之，都是为了确认事实。"

事实上，在问对方"为什么"之前，可以先问"发生什么事了"，待事实确认后，再去查明真正原因。

"5次为什么"的案例

问题 工厂的出口处交通事故频发

↓ 为什么?

因为在左转弯时,后面的车与前面的车追尾

↓ 为什么?

因为前方车辆减速的同时后方车辆却提速了

↓ 为什么?

因为在留心右方车辆的行驶状况的同时,还要预测前方车辆的动向来发动汽车

↓ 为什么?

因为很多人认为多辆汽车断断续续地发动也没什么问题

↓ 为什么?

因为道路上有左转弯合流标线(真正原因)

∨

解决对策 将左转弯合流标线去除,让每辆车逐一前进

04 | 不是追究责任，而是采取对策

> 失败了就会被问责，这是世间常态。为了防止重蹈覆辙，丰田会优先选择思考"对策"。

在丰田，即便失败了也不会有人斥责"全都是你的错，快想办法弥补啊！"，并让你承担责任（当然，酒驾等违反职业规定的情况要另当别论），**也没有因为工作失误被问责和降职的。**

曾经有过因为丰田的工厂发生火灾导致无法供应零件，造成生产中止的事件。这次重大事件共造成了 10 万辆汽车的损失，但丰田只是采取了向多家公司下零件订单等防止事件再度发生的对策，而并没有听说谁被问责或降职。

在很多公司，一旦失败，上司就会要相关人员承担责任，或者发布人事命令进行降职处理。因此，人们不会去挑战失败风险高的、有难度的工作，失败了也会隐瞒事实。

在丰田，只要不是明知故犯，上司就不会斥责。

"给我好好干！"逃避事实、将责任归咎于个人是非常简单的。将失败的原因归结于"个人技巧不足"的案例也是很常见的。在这种情况下，上司会斥责下属："因为你的技巧还不够娴熟，所以才失败了。还要再好好磨炼一下。"而事件也就此落下帷幕。

但是，请好好思考一下。

比如有一个人能在 1 小时内做出 100 个产品，其中有 3 个产品出现了质量问题，"制作 3 个有质量问题的产品时他技巧不够娴熟，而制作剩余 97 个的时候他的技巧十分娴熟"，这可能吗？虽然技巧不够娴熟是一个看起来挺有道理的原因，但并不是真正原因。

将责任归咎于个人很简单

在丰田，有"不要责怪人，要怪就怪组织架构"这样一句话。

一旦失败，丰田不仅会采取针对人的对策，还会尽可能采取针对事物的对策。即便是粗心大意这样的人为过失，丰田也会习惯性地认为"那个人之所以失败，是因为组织架构有问题"，并考虑建立令物理性的失败不再发生的组织架构。

例如，即使是"作业人员的粗心大意"导致质量出现问题，也要思考令作业人员粗心大意的原因，而绝不会以作业人员说"以后会认真工作"为句点给问题画上句号。

也许是作业的顺序或者给出指示的一方有问题，也可能是物理性作业的速度有问题。如果工作人员出现身体不适、注意力不集中的情况，还要考虑是不是工作系统或者轮班制度出了问题。

如果真的是因为技能不到位的话，可以考虑采取在下一道工序进行人工检查等对策。

将责任归咎于个人很简单，但要在组织架构上寻找原因却要付出大量的心力。我们必须开动脑筋，改变工作的方式与推进的方法。

根据情况不同，也有为了改变组织架构必须投入资金的案例。

培训师在客户公司指导改善措施时，也会碰到客户公司不愿意花这么多钱、对改善措施产生抗拒的时候，培训师会对他们说：**"不愿意在这上面花钱的话，请想想你们还能做些什么吧。"** 不从可能得到改善的事情上着手处理的话，就无法避免失败的产生。

将责任原封不动地归咎到个人头上的话，不仅同样的失败会反复出现，从业人员也会变得畏缩不前，不敢尝试新的挑战，公司也将失去活力。

严厉斥责后要安抚

但是，对于不能遵守规定的或者出现失误引发重大事故的人，还是有严厉斥责的必要的。

培训师大岛弘说道：

"现在和过去已经很不同了。在过去，如果出现了质量问题或者出现了造成工伤的事故，会被上司狠狠地批评。那些被上司斥责的人，会切身体会到'违反规定会导致严重失败'这件事。"

不过，即便上司再严厉，在狠狠训斥下属之后也必定会安抚他们。

"不好意思啊，刚刚说得那么严厉，但是我这也是为你好啊，你也理解我一下嘛。"上司一方面会严厉斥责下属违反规定的行为，另一方面，也会承担起导致下属违反规定的责任，并安抚下属。

培训师大岛弘还说道："在该批评的时候就要严厉批评，不过，也不要忘了安抚下属的后续动作。"

"失败是当事人的责任"，一旦上司有这种想法的话，处在这样的工作环境中的下属就会畏缩不前，无法发挥创造性，最终会变成为了不失败，而听什么就做什么的"提线木偶"。

05 构筑谁都不会失败的"架构"

人总会有失败的时候。所以，丰田构筑了想失败都无法失败的"架构"。

在丰田，失败的责任并不会被推到个人头上，因为丰田是通过构筑不会失败的架构来解决问题的。

也就是说，**丰田在思考构筑一个无论是新人还是老手，谁都不会失败的架构**。

比如说，在丰田有一个叫"防呆"的词。

"防呆"是指设置在制造流水线上防止作业失误的构造或装置。人不是机器，并不完美，也会遭遇作业失误的情况。无论一个人多么优秀，即便十万次作业都没有失误，也不能否定第十万零一次作业出现失误的可能性。

因此，为了在有人出现失误的时候不漏掉有质量问题的产品，丰田流水线引入了"防呆"，以防止失败。

一旦以错误的顺序工作，流水线就会自动停止运作，这样的构造使得作业者即便失败了也不会制造出有质量问题的产品。

例如，在筛选零件的过程中，作业人员一旦将卡片罩在机器上，应该筛选零件的地方就会亮，拿走那个零件的话，下一个应该筛选零件的地方就会亮起来。而在最近，还有一种装置，如果不拿走前面的零件的话，放入零件的活动门板就不会打开。这样一来，即便是新手也不会选错零件了。

也有为了防止人的粗心大意导致失误出现，将零件自身的构造改为根本不会出毛病的构造的案例。

例如，汽车模具（使物体成型的模型）的左右方向有一对模型，虽然看起来一样，但实际上有着微妙的差别。将左右模型对调而出现质量问题的案例不在少数。如果不小心将左右模型装反了，就得返工作业，非常麻烦。因此，为了不出现左右装反的失误，人们将模具左右两边螺丝钉的位置改成了不一样的状态。

不会让任何人作业失败的"防呆"

培训师土屋仁志说："'防呆'是为了不让任何人的作业失败而安装的装置。"

在土屋曾经工作的单位，有人在组装零件的时候，用了不一样的螺丝钉,结果几百辆车又被拆开,重新组装了一遍。

这次失败的原因,在于往零件箱中补充螺丝钉的时候,不小心往箱子中放入了其他螺丝钉。

虽然在用手组装螺丝钉这个部分设置了防呆以防失误发生,但是在"往零件箱补充螺丝钉"这个部分却没有防呆,还需要依赖人为的判断。

因此,土屋曾经工作过的这个单位给零件箱装了盖子以防止混入不同种类的螺丝钉,设置了需要刷卡才能取得螺丝钉的程序。总之,将防呆的应用范围扩大到了往零件箱里补充螺丝钉这个阶段。

更有甚者,在螺丝钉进货的阶段也导入了防呆。为了不让采购螺丝钉的工作人员买进错误的螺丝钉,他们让采购人员在测量了螺丝钉的长度后再收货,还设置了实物大小的螺丝钉,让采购人员可以和实物进行比对。

如此一来,以"人总会有失误的时候"为前提,丰田构筑了想失败也无法失败的架构。

构筑不用思考"这是必要的吗"的架构

办公室的工作也可以通过设置防呆一样的程序,来防止失误。

例如，在职场中，常有信息传达不准确而导致的失误。

为防止信息传达不全，在文件上设置核对记号栏就是一种防呆。填入个人姓名和核对记号，就是"已确认"的证据，可以防止之后有人说"没听说过"这样的事情。

此外，共享待办事项列表也是防呆的一种。设定好规则检查作业的完成情况，可以让本人、上司和同事共享工作进展的相关信息，从而可以防止作业的遗漏或延误。

设置防呆的时候，设置的程序不要让人逐一去想"这有必要吗"。

"防呆"范围的扩大

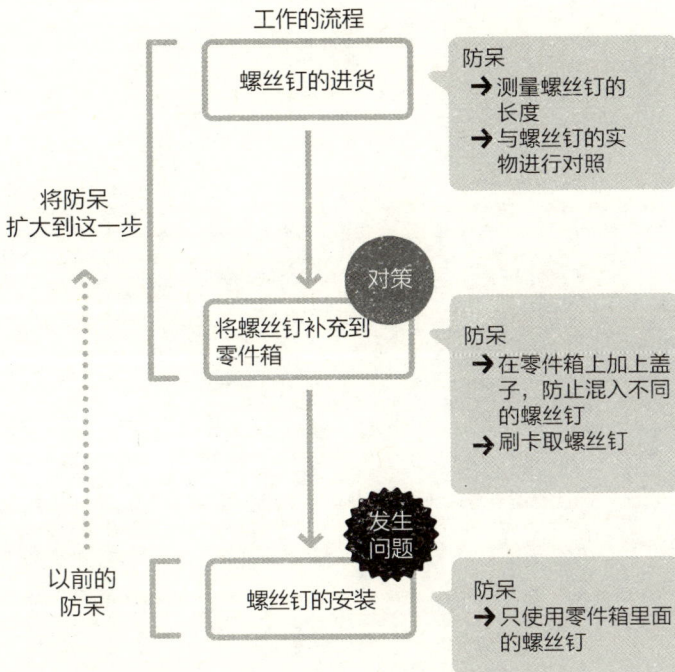

工作的流程

螺丝钉的进货

防呆
→ 测量螺丝钉的
长度
→ 与螺丝钉的实
物进行对照

将防呆
扩大到这一步

对策

将螺丝钉补充到
零件箱

防呆
→ 在零件箱上加上盖
子，防止混入不同
的螺丝钉
→ 刷卡取螺丝钉

发生
问题

以前的
防呆

螺丝钉的安装

防呆
→ 只使用零件箱里面
的螺丝钉

第 **2** 章

让失败"可视化"

01 失败是隐蔽的

想要隐藏失败是人类的普遍心理。
认识到这一点的丰田，构筑了不用隐藏
失败的"架构"。

失败，是谁都想隐藏的东西。

公布自己的失败，不仅会受到上司的斥责，还会给周围的人添麻烦。"只要没人发现就隐瞒到最后"这也是人类的普遍心理。

心情愉快地报告自己失败的人，想要把对自身不利的信息曝光的人是不存在的，人们往往会尽可能地隐瞒失败。

比方说，某个培训师在客户公司就有过这样的经历：

培训师就平均每天的计划完成率询问了工厂的负责人，于是他回答说："计划完成汽车数量 100 辆之中我们实际完工了 80 辆，所以完成率是 80%。"虽然 80% 这个数字本身并不差，但随着培训师的深入提问，被负责人隐瞒的事实也逐渐浮出了水面。

原本计划是用 8 个小时完成 100 辆，实际上是用了 10 个小时才完成 80 辆。也就是说，实际上计划完成率的数值要远远低于 80%。负责人隐瞒了加班 2 个小时这种不利的事实，只报告了最终的生产量。

类似的案例无论在什么行业或企业都发生过吧。

人类打从一开始就不愿意曝光对自己不利的信息，总是想要隐瞒它们。

然而，失败是无法隐瞒到底的。

培训师森川泰博曾碰到过这样的事情：

他的下属在作业时由于粗心大意而切到手受了伤。下属受伤了，原则上是要报告给上司知道的，但那时，森川看了伤口之后判断："这么点儿伤应该没事吧。"向上司报告的话不仅会被上司斥责，还不得不采取对策。说老实话，森川也有想规避麻烦的想法。

谁知，三天后，森川查看下属的伤势时，发现伤口化脓了，症状也加重了，而且可能会给作业带来困难。森川带下属去了工厂的医务室，上司那边也瞒不住了，森川被狠狠地训斥了一顿。

问题迟早会大白于天下。既然如此，就尽早坦白吧。**问题拖得越久越可能变成大问题。**

令失败可见的装置"故障灯"

为了不依赖个人的判断解决问题，丰田引入了能令失败可视化的装置，其中之一就是"故障灯"。

故障灯就是在有异常状况发生时在发生问题的位置亮灯的一种装置。在作业人员的工作区垂着一条绳子，发生异常状况的时候，作业人员就通过拉绳来通知大家，停止流水线的运作。这已经成了一种规定。

一旦拉动故障灯的绳子，相关人员就会从各处聚集到现场。如果是模具设计的问题，现场的管理监督人员、设计人员、模具的制作人员等就会围绕在发生问题的模具周围，在现场观察实物并思考为什么会发生问题，讨论最佳解决方案。然后，等问题解决了，再启动流水线。

这种"发生了异常状况的时候，立即停止机器或流水线的运作"的思考方式，在丰田被称为"自働化"。这是自丰田式自动织机的发明者丰田佐吉的时代沿袭至今的思考方式，也是丰田生产方式的支柱。

问题发生时，拉动故障灯拉绳的作业人员既不会因为在异常情况发生时暂停流水线而被追究责任，也不会受到斥责，只是在被问完"你是以什么顺序操作的""在什么状态下发生了什么问题"这些确认事实关系的问题后，等待问题解决和流水线的更新运作而已。也就是说，"停下、联络、等待"的文化已经渗透到了作业的当事人心中。

重要的是，拉动故障灯的拉绳暂停流水线运作的作业当事人并不会被斥责。不仅如此，在丰田，如果当事人发现了异常状况，拉动故障灯拉绳的话会被称赞"好在拉了拉绳"。

如果当事人拉动故障灯的拉绳会被上司斥责的话，他们就会想办法隐瞒异常状况或者问题，认为"这应该没关系吧""不会被发现吧"。但如果就这样将问题置之不理的话，下一道工序时就有可能会变成大问题。

将容易被人们隐瞒的失败显现出来的秘诀就是不去责怪当事人，而将注意力集中到引发问题的真正原因上。

"停止、联络、等待" 的文化

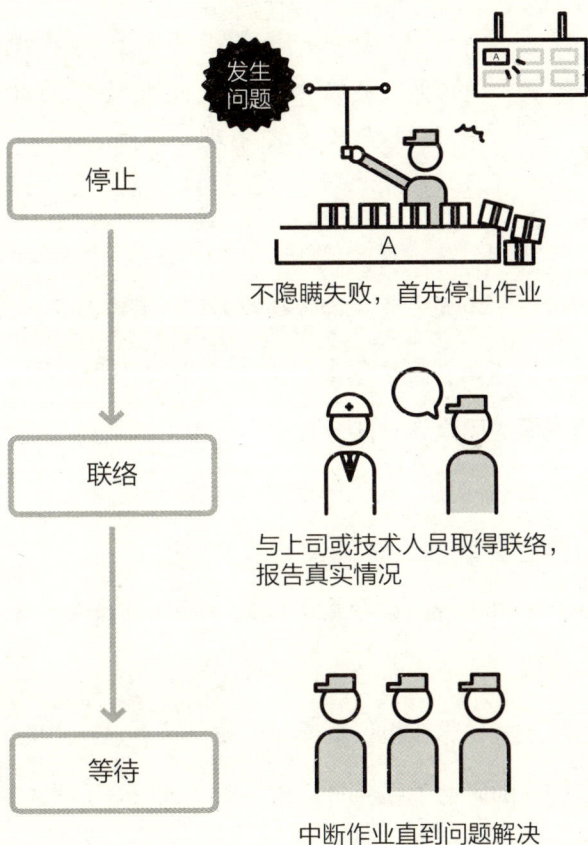

发生问题

停止

不隐瞒失败，首先停止作业

联络

与上司或技术人员取得联络，
报告真实情况

等待

中断作业直到问题解决

02 | "置之不理"是坏事

> 即便一开始是小失败，对其视而不见的话，它就会发展成大失败。因此，绝对不能将失败置之不理。

在丰田，不隐瞒失败、将所有的事情公开是基本的原则。

即便是小问题，将小问题隐瞒下来置之不理的话，可能会加大重蹈覆辙的风险，它甚至会成为一个大问题席卷而来。

越是糟糕的问题，人们越想要将它隐瞒起来。但是，将糟糕的问题置之不理，状况只会变得越发糟糕。

因此，丰田实行的是"Bad News First"的策略，即**正因为是糟糕的问题，才要毫无隐瞒地报告出来**。

培训师土屋仁志在担任组长的时候，曾有过这样的经历。

土屋所属的研磨工程会早、中、晚三次对零件做质量检测，使用的是像规尺一样的测量产品大小的"测量器具"。测量器具是一种用于确认生产出的产品大小是否规范的工具，依照作为样品的模板的尺寸制作而来，用以定期地和产品进行比对。

比方说，零件的内径尺寸维持在 7—8 毫米就没有问题，这种情况下，上限模板的测量器具就会制成 8 毫米的大小。在土屋所属的工程，只有上限模板和测量器具，没有下限模板和测量器具。

有一天，质量问题出现了。零件内径小于下限数值的产品流出了。

当时，公司的规定是只需要用上限模板和测量器具来检测，但如果用下限模板和测量器具检测的话，这次的问题就不会出现。

事后，某个技术员来到土屋面前，开诚布公地说了下面一番话。

他说，其实两年前也出现过同样的问题。只是那时并没有造成实际损失，改善也没有放在优先的位置上，所以并没有采取导入下限模板和测量器具的对策。

对当时的事情，土屋这样回忆道：

“从现实角度来说，我们无法对所有的问题采取对策。由于资源有限，我们不得不从最优先的事情开始改善。因此，我无法责备身为技术人员的他。实际上，要想在全公司范围内引入下限模板和测量器具，需要的预算是数以亿计的。我要是站在他的立场上，也不会采取对策。

只是，从这次经历得到的并应铭记于心的教训是：**将小问题置之不理的话，最终它会成为一个大问题凸显出来。**即便是小问题的征兆，只要找到了，就要在它还没有成气候的时候将它扼杀在摇篮之中，这个原则是很明确的。"

将问题扼杀在摇篮之中

在问题还没有发展起来的时候采取措施将其解决，这是非常重要的。

当然，对所有失败的征兆采取措施也是不太现实的，但是，即便是小问题，只要发生过两次，就有必要迅速采取对策。同样的问题发生两次，说明应该有明确的原因隐藏在其中。

例如，下属在制作文件时连续出现计算失误的情况。如果是公司内部的文件，还可以挽回损失，但要是在提交给客户的文件上出现计算失误，就可能会发展成公司的信誉问题。

那位下属是怎样计算的，以什么顺序来制作文件的，确认清楚这些问题，找到引发失误的原因是非常重要的。

在丰田，人们经常从以下的三个观点出发，对问题进行综合性的比较研究，以判断该从哪个问题着手：

①重要程度——问题影响的范围与大小；

②紧急程度——如果不立即处理，会产生何种影响；

③扩大趋势——置之不理的话，会造成多大程度的不便。

客观评估问题大小时，可以用"◎（高）""○（中）"
"△（低）"等标记来对每一个项目进行评估，优先处理"◎"
数量多的。

重点是要从三个以上的视角来做出判断。但也不是非要上
面说的三个项目不可。结合岗位与工作，也可以加入"可行性"
（能否在现实中实现）"成本"（是否要花钱）等指标。

此外，如果想进一步了解有关解决问题的方法，可以参考
拙作《丰田的问题解决》。

决定问题的优先顺序

决定优先程度的三个视角

1. 重要程度——问题影响的范围与大小
2. 紧急程度——如果不立即处理，会产生何种影响
3. 扩大趋势——置之不理的话，会造成多大程度的不便

问题	重要程度	紧急程度	扩大趋势	优先顺序
1 没有共享客户信息	○	△	◎	3
2 投诉声不断	◎	◎	◎	1
3 延迟交货	◎	○	○	2

◎（高）、○（中）、△（低）

03 "没有问题" 才是大问题

如果缺乏发现问题的自觉性，就没有办法对它们做出改善。将问题视为问题是十分有必要的。

出现失败必然有其原因。找到问题的原因，将其解决就可以避免失败。但是，也存在没有发现问题本身的情况。

日本 OJT 解决方案股份有限公司的森户正和在某大型企业以解决问题为主题进行演讲的时候，那个企业的干部曾这样指出：

"虽然我知道解决问题很重要，但我们公司并没有问题。真的出了这样的问题，那才真的糟糕呢。"

在"人""物""金钱""时间"等所有方面有余裕的公司，会难以觉察到出现的问题。因为即便问题要发生，由于资源充裕，凭借人海战术或体力劳动也能设法解决。那样的企业会背负着许多失败的种子向前迈进，总有一天会遭受严重的失败。

一般的公司，也会发生相似的事情。

例如，制作提交给客户的企划书时，到提交的最后一天还没有完成，在截止期限的前一晚通宵赶制才勉强赶上。这和靠体力赶上一样，没有发生什么特别的麻烦。

但是，这样的情况多发生几次该怎么办？工作就像走钢丝一样，可以预想下次可能会赶不上提交期限，可能会因为慌忙制作文件而将客户的名字或金额等重要的信息写错，从而失去对方的信任。

迄今为止，只不过是因为运气好才没有出现什么麻烦，哪一天失败了也不足为奇。

明明发生了"企划书总是勉强在提交期限前完成"这个问题，他们却并没有将其视为一个问题。

太有余裕反而发现不了问题

在丰田现场，从某种程度上而言到处是问题，几乎可以说没有一天是不出现问题的。因为质量问题、作业延误等情况时有发生，所以人们总是会马上直面问题。

问题之所以可以马上显现出来，是因为丰田导入了"Just In Time"的生产方式。

这是一种"只在必要的时候做必要的事情"的思考方式，排除了现场的种种浪费行为。因为在库存或人员等方面不保有不必要的富余，一出现问题就会使得货物流通停滞、流水线停工，因此问题会立刻显现出来。

拥有超出必需数量的"人""物""金钱""时间"的话，问题就没那么容易显现出来了。因为即使有一点让人困扰的事情，也能通过人海战术或物质作战来得到解决。

然而，那件"让人困扰的事情"只不过是偶然没有酿成损失，说不准什么时候就会招致失败。

即使是那些坚持认为自身没有问题的人或公司，按道理也应该是有"令人困扰的事情"的。

"总是勉强赶上交货期。"

"下属不按照我的指示工作。"

"想要的资料没办法马上找到。"

……

任何一家公司都会有令人烦恼的事情。

之所以"总是勉强赶上交货期"也许是因为本来在日程安排上就有问题，或者可能是因为将工作集中到了特定的人身上。无论是哪种，只要不解决勉强才能赶上交货期的原因，就会不知何时造成赶不上交货期而致使客户或上司不再信任自己的后果。

另外，"想要的资料没办法马上找到"的这种情况，证明没有收拾整理文件，最糟糕的后果是文件丢失。

没有"令人困扰的事情"吗？以此为出发点，能够挖掘出改善的线索。

回顾一下你或者你的下属的工作吧，也许会发现与失败相关的问题。

▍将"更"作为口头禅

为了将问题当作问题，经常抱有"现在的工作或者做法是最好的吗？"这样的疑问也是非常重要的。具体来说，就是要将"更"作为口头禅，重新考量自己的工作。

"能不能更轻松地完成？"

"东西能不能更少一些?"

"能不能用更少的钱去做?"

"浪费能不能更少一些?"

"能不能更快一点?"

意识到"无论什么工作都有改善的余地",我们也就具备了发现问题的能力。

04 通过"停止"
而非"停滞"
来发现问题

在问题导致工作"停滞"之前，可以凭借自己的主观能动性让工作"停止"，从而将问题的不良影响控制在最低限度。

在丰田现场，比起"不要停下"，"快停下"这句话更常用。问题的发生会导致流水线暂停，进而直接造成生产率低下，所以现场的作业人员即使发现问题，也会尽可能不让流水线暂停。**但是在丰田，一旦出现问题，立即"停止"的行为会受到奖励。**

一方面，如果将问题置之不理，让流水线继续运作的话，问题会变得更严重，流水线也会停滞，在这种情况下要想查找原因恢复生产就棘手了。再者，有质量问题的产品在流水线上流动，与品质问题联系起来，公司就会蒙受巨大的损失。

另一方面，在问题还不太严重的时候暂停流水线，迅速将问题解决的话，就可以将损失降到最低。

刑侦题材的电视剧中，在杀人事件的现场，经常会有刑警说"不要动尸体，把现场保护起来"，这是为了防止重要证据的丢失。工作也一样，保护好进展不顺利的现场，不让真正原因无处可寻也是非常重要的。

问题出现时要"停下、联络、等待"

2016 年 1 月，丰田下属的企业爱知制钢发生了爆炸事故，丰田面临汽车构成部件的钢材数量不足的问题，受此影响，丰田的国内生产暂停了一个星期。

对于传说一分钟能生产一辆汽车的丰田来说，暂停一个星期的汽车生产会带来非常严重的损失。

这个时候，应该也有人提出过"将流水线上所有的零件都用完，将流水线运作到极限"的经营决策。但是，社长丰田章男却决定"暂停一周"。

勉强继续生产也许可以确保眼前的生产量，但本来需要的零件在加工中用尽，重新开始生产的时候发生流水线停滞或品质问题的可能性就会变大。换言之，可能会在长期生产上出现问题。考虑到这些情况，"停下"这一判断是合情合理的。

这种思考方式已经渗透到了丰田现场。就像之前所说的那样，一旦发生问题，员工要贯彻"停下、联络、等待"的方针。

如果流水线的工序出现了问题，作业人员就会拉动眼前的故障灯拉绳，传达有异常情况发生的信号。员工会原地待命，流水线会暂时停下，上司和技术人员会集中过来，开始追查真正原因。通过这样的改善，可以稳定地生产出高品质的产品。

在丰田，人们并不认为问题变得严重而使得流水线"停滞"是件好事。丰田的要求是让员工以自己的判断去让生产"停下"。然后，在问题变严重之前查明真正原因，采取对策。为了实现这些而配备的其中一个装置就是故障灯。

说到这里，也许有人会问："作业人员对拉动故障灯的拉绳不会产生抗拒吗？"

拉动故障灯的拉绳，是认为出现了问题或失误，但暂停流水线的话，会给周围的人添麻烦。

所以，一般来说，人们会倾向于自己设法解决问题，将失误隐瞒下来。

丰田的从业人员之所以会拉动故障灯的拉绳暂停流水线，是因为个人并不会受到指责。即便是作业人员自己粗心大意而导致出现质量问题，事情也只会变成查明造成粗心大意的真正原因，进而改善工作。

培训师高木新治如是说：

"如果暂停流水线也不会被责骂的话，就会出现认为'有失误也无所谓'的任性员工。但是，丰田并没有出现那样的风气。这是因为，明确问题所在，然后逐一击破，其与高品质、高生产率的工作相连的想法，已经渗透到了现场的每一个角落。"

比起打发眼前的工作，**及时解决问题对其做出改善，才是防止失败、提高工作质量的秘诀**。

"停滞"与"停止"的不同

❌ 停滞

小问题 —— 置之不理 →→ 大问题 →→ 工作停滞

这种程度应该没有关系吧……

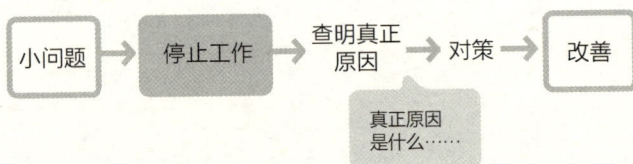

⭕ 停止

小问题 → 停止工作 → 查明真正原因 → 对策 → 改善

真正原因是什么……

通过"停止",防患于未然

05 | 拥有"停止的勇气"

> 停下可以有效地防止失败。为了达成
> 这一目标，需要想象失败对工作的影响
> 程度。

根据岗位不同，也有不具备"停止"架构的地方。特别是在失败的责任会落到当事人头上的单位中，做出"停止"这一决策并不容易。

在日本 OJT 解决方案股份有限公司担任专务理事的森户正和说："在没有'停下'这种架构的现场停止工作，是需要勇气的。"

森户曾经在海外的丰田工厂从事人事工作。那时，生产现场会给某项特别的作业发放津贴。

最初只打算给实施特别作业的作业人员发放津贴，但是管理层出现了反对的声音："现场的制造部要记录和管理'谁做了多少'的特别作业，负担实在是太大、太辛苦了。"结果，就给工厂里的全部作业人员都发放了特别津贴。

可是，问题就出现了。

给作业人员发放特别津贴后，他们的工资变得比作为现场领导的班长还要高。

没有办法，为了避免岗位间的不公平，特别作业小组的班长自不必说，所有班长的工资都涨了。但这样一来那些没有做特别作业的人员就无法保持沉默了。他们认为："明明什么都没做还涨了班长的工资也太奇怪了。我们也要涨工资。"

由于迟迟未能得出结论，满心怨气的员工进行了罢工，流水线也被迫停滞了。最终，全体员工都得到了提薪，但特别津贴的问题还是没有得到解决。

失误会招致失败。一个判断失误就有可能波及整个公司，发展成更加严重的问题。

在知道"必须给班长涨工资"的时候，为什么不能做出"停止"的决断，为什么不能只给做了特别作业的人发放津贴呢？应该查明其中的原因。

而且，公司和劳动工会互换的章程里，写有关于特别津贴的约定，依照规则实施才是原则。在不得已做出违背原则的应对时，按道理也应做出"停止"的决策。

实际上，在罢工平息之后，制造部试着回到了原点去记录、管理特别作业的情况，使用这样的方法后没有再出现问题。

想象对工作的影响程度

做出"停止"这一决策并不容易。

丰田的前社长张富士夫在某海外工厂担任社长时，曾有过现场的作业人员没有暂停流水线而导致质量问题不断出现的经历。

张富虽然也很有耐心地向现场的管理人员和作业人员说明了"停止"的重要性，可即便如此流水线还是很难暂停。于是，他表彰了实际暂停流水线的作业人员。这样一来，作业人员终于逐渐明白了问题发生时要主动让流水线暂停的道理。

毋庸置疑，顶着周围的抗拒与反对的压力去"停止"的勇气还是必不可少的。从"不停"会使问题变得更严重的角度来看，暂时"停止"是相当合理的。

从个人层面来说，即使不能构筑"停止"的架构，只要意识到了"停止"的重要性，在此基础上进行工作就可以有效地防止失败。

例如，被客户投诉的时候，想想为什么会导致投诉，并思考防止再次受到同样投诉的对策。

　　会投诉的人只是很少的一部分，更多的是连意见都不说就放弃购买的沉默的人。所以，针对一个投诉采取对策，可以防止有效顾客流失。

　　此外，团队成员提交文件总是不及时的话，可以让他暂停，去追查原因。延迟提交也许不会立即引发肉眼可见的问题，但是从长远来看，恐怕会浪费时间或延误决策。

　　当然，停下处理每天发生的所有问题是不现实的，将工作向前推进也十分重要。但值得注意的是，在考虑对工作的影响程度的同时，偶尔也要做出"停止"的决定，以采取相应的对策。

　　当可以想象到问题会波及品质、安全或客户对自己的信任时，尤其应该立即做出"停止"的决定。

　　发生"停止"的情况，可能会使公司暂时蒙受损失，但暂时中断工作能够让人以冷静的视角来重新审视问题的所在，从长远来看既可以防止次生灾害的发生，又可以让我们得到想要的结果。

06 | "自己设法解决" 会让问题隐藏起来

采取应付一时的对策，只会让问题再次发生。上司的职责，就是找到能解决根本问题的对策。

工作中出现问题的时候，有的上司会认为"还不如自己做来得快"，于是，决定自己去给问题"灭火"。

乍一看问题的火焰已被扑灭，但火种却还在不断地冒烟。在上司抽身离开之后，看上去已经被扑灭的问题还会再度燃烧起来。

以下是培训师森川泰博刚开始在新车流水线担任管理监督人员时的故事。

一方面，新车的生产线必须提高开工率；另一方面，由于工作人员还没有适应作业，所以问题频发，流水线也容易停滞。

身为管理监督人员，森川当然不想开工率低下而导致流水线停滞。因此，他决定自己进入流水线来防止流水线停滞。结果，流水线没有停滞，开工率也得以维持，但是上司来到现场却对他说：

"既然进了流水线，就一直待下去吧。反正你也想轻松一点吧。"

说完，上司就走了。森川回忆起这件事时说：

"上司说的话让我很生气，当时很想反驳说'我不是想轻松一点，我是在拼命不让流水线停滞啊'，但是之后冷静下来想想，发现的确是自己错了。

作为管理监督人员，我的工作是追查流水线不能流畅运作的原因，采取对策解决问题。我想，这才是上司想对我说的。我进入流水线之后确实碰巧将问题扛过去了，但却隐藏了真正让流水线运行不畅的原因，大家没办法从根本上解决问题。"

防止问题再次发生是上司的职责

采取应付一时的对策，会妨碍我们找出真正的问题。一旦真正的问题隐藏起来，始终得不到解决的话，就会一直给工作带来不良的影响。

类似的事情，无论在哪个单位都有可能发生：因为人手不足就让管理人员也进入流水线一起工作；以管理人员"没有工作很清闲"为由，将其放到流水线上；把一个人就可以做完的工作分到两个人头上，等等。

领导的工作并不是进入流水线，而是从全局出发审视全体员工，发号施令。

问题要多少有多少。出现质量问题或者延误交货的情况时，不应采取应付一时的对策，**而应找到问题的真正原因，描绘不再重蹈覆辙的蓝图，带领组织前进。这才是上司应该做的工作。**

同样，也有因为工作进行不顺利而条件反射般地增加人手的案例。

例如，负责某一工序的新人技巧不足，导致生产迟缓。因此，暂时从其他流水线上调了一些员工过来，解除了迟缓的问题。

乍一看，问题貌似得到了解决，但其实是隐藏起来了，真正原因也被丢在了一边。如果说真正原因是新人的技巧不足，那么就有必要让新人单独弄懂作业内容。

采用双人制这种应付一时的对策，通常必须保有多余的人手。

那天只是碰巧能从其他流水线上调集人而已，万一以后那边流水线的人说"人手不够没办法调过去"呢？

当然，提高开工率是很重要的，所以在设法补充一个人的同时，也有必要训练新人让其可以单独作业。也就是说，**在采取双人制这种应付一时的对策的同时，也必须采用从根本上解决问题的对策。**

办公室的工作也一样，也有因为项目进展迟缓，所以就让上司代替下属做他们的工作，或者上司自己制作资料的案例。项目进展迟缓的话，就应该查明真正原因，采取对策，这才是上司的职责。

比方说，如果问题在于人手不足，那就拜托别的部门来支援一下。如果问题在于将事情全摊在特定的人头上的话，那就为其减负，将工作分配给其他员工。上司的职责就是挖掘真正原因，采取对策。

07 有 "标准" 就能发现问题

无法发现问题是因为 "标准" 不明确。"标准" 能让问题得以显现。

明明有问题却自认为没有问题，明明维持现状会加大失败的风险却察觉不到。这样的人其实并不少见。

那么，我们要怎么做才能发现问题呢？

无法发现问题，是因为没有 "标准"。

比如说，只看表示质量问题的产品数量柱形图，就只会有 "数字在增长" 的印象，而在柱形图上画一条横线，定好质量不佳产品的数量标准后，就可以发现 "没能达到目标" 的问题。

只要有了标准，就可以马上判断是正常还是异常。

有了标准这把 "尺子"，就可以发现问题。

在丰田有一种名为 "5S" 的工作方法。

它由日语 "整理、整顿、清扫、清洁、素养" 五个词的首字母组成，因而叫作 5S。5S 的目标不单是将场地和物品整理得干干净净，而是在让问题或异常状况一目了然、推进改善进程的同时，提高生产率。不仅是丰田，很多生产现场也都在践行 5S 工作法。

如果大家去过丰田的工厂参观就会明白，他们将整理、整顿的理念贯彻到底，既不摆放多余的东西，零件与工具的摆放位置也是固定的。正因如此，他们才能够立刻察觉出异常情况。

例如，决定好搬运东西用的手推车的固定位置后，在放置手推车的地方画上线。如果手推车超出了线，那它就处于异常状态。整理、整顿好的状态就是"标准"。

常年在丰田工作的培训师会以丰田为标准，当他们到了没有整理、整顿好的培训对象工厂时，会明确指出"这里不对，那里也不对"的好几处需要改善的地方。

没有标准就无法改善。没有确定标准，就无法发现问题是什么，也就没有办法改善工作。

"标准"的例子

物体的位置是固定的

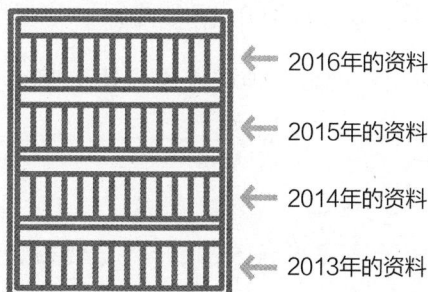

← 2016年的资料

← 2015年的资料

← 2014年的资料

← 2013年的资料

确定标准数值

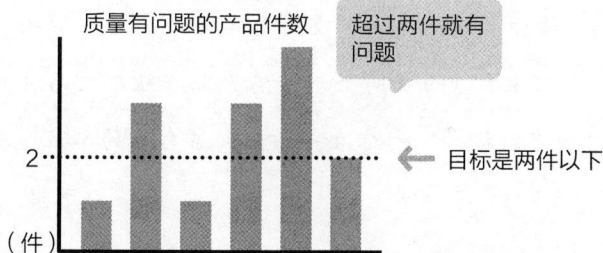

质量有问题的产品件数

超过两件就有问题

2 ·········

← 目标是两件以下

（件）

"标准"明确的话，
就可以判断出到底有没有问题

达到"应有的状态"

达到"应有的状态"也是一项标准。

"应有的状态"一词在丰田经常使用。在解决或改善问题时，丰田将"应有的状态"与"现状"之间的差距视为"问题"，并会采取措施去填补中间的缝隙。

培训师森川泰博说，他在丰田集团的某个企业参观时，感到非常震惊。

"在丰田，我们平时将5S践行得非常彻底，所以也自信地认为自己工厂的整理、整顿程度相当高。然而，那家丰田集团的分公司的工厂简直超出了我们的想象。我以为在汽车工厂，某种程度上，油和零件碎片掉在地上是不可避免的，但是在那家工厂，油和零件碎片完全没有飞溅到地上。他们简直是在和食品工厂一样干净的空间里制造着产品。从那之后，我们提高了5S'应有的状态'的标准，意识到了自己的单位还有需要改善的地方。"

通过认识"应有的状态"，可以让人从原以为"没有问题"的事情中，找到需要改善的地方。

要想察觉到问题所在，如何提高标准就成了重点。其中一个有效的方法是比较。

比方说，试着比较比自己作业速度更快的人的工作方法与自己的工作方法，或者是比较写出有趣企划书的人的作品与自己的企划书的内容。如果是业务方面的工作，就比较业绩优秀的业务员的工作状况与自己的有什么不同。

只要标准明确，自己需要改善的问题就能显现出来。

08 通过"现场、实物"
让问题显现

口头报告会让真正的问题隐藏起来，
到"现场"确认才能让问题得以显现。

在丰田，有"现场、实物"这样的词语。

意思是"通过观察现场来发现真相"。丰田认为对事物的判断应该建立在看过现场的物品、商品、产品本身的基础上。在丰田的工作现场，这样的思考方式很受重视。

培训师原田敏男告诫说，**不遵守"现场、实物"原则的话，会很难察觉到问题与失败。**

以下是原田领导的流水线出现质量问题时的情况。原田接到下属的报告后，做出指示："再跟他们彻底落实一下，要将铁板弄得'笔直'。"

然而，当原田去现场的流水线查看、确认铁板状况时，却发现铁板有些弯曲，并不是笔直的。也就是说，原田和下属关于"笔直"的标准是不一致的。原田本以为下属依照指示将铁板弄成了笔直的，没想到标准不够严格。

原田反思说：

"我没有到现场确认实物才引发了本次失误。如果在最初出现质量问题时，我和下属一起到现场研究过'笔直'问题的话，就不会再次出现质量问题了。每个人的标准都不一样。'话传到了就可以了''这么说他应该懂'，这种心态只会让问题隐藏起来，成为引发失败的原因。"

不能只依赖语言

原田说他在客户的培训现场，还有过这样的经历。

改善项目组收到反馈说工厂的一部分区域漏雨，让组员去做应急处理。

之后，他们却接到通知，说梯子倒了，那名组员从两米高的地方摔了下来。

幸运的是那名组员并没有受伤。在组员报告事情始末时，原田发现了惊人的事实。

摔下来的组员是一个人将梯子立在墙边进行作业的。

在原田的常识中，使用梯子是要两人一组的，为了防止梯子倒下，其中一个人要在下面扶着梯子。但是，那名组员却不具备这样的常识。

原田再次意识到，不能只依赖于语言上的指示，必须去现场对实物进行确认。这次事故的原因就在于原田与组员的标准不一样。

出现问题的时候、开始新工作的时候、做些不寻常的工作的时候，特别容易失败。正是这样的时候，才更应不怕麻烦，到现场对实物进行确认。

第 3 章

变失败为
"成功"的技巧

01 通过"标准"
让失败锐减

> 工作的方法不同，结果就会不同。制
> 定工作的"标准"可以防止失败。

在丰田，有一种被称为"标准"的思考方法。

所谓标准，是指当下能保证各项作业达到最佳状态的做法
与条件。作业人员就是以此为基准完成自己的工作的。

简单来说，就是"按这个做法来做，就能顺利完成"。只要
依照标准，无论是谁来作业都能得到相同的成果，所以不会失
败，工作的质量也会提高。

具体来看，作业要点书与作业指导书就是"标准书"。

例如，在为某零件拧上螺丝钉这项作业中，作业人员会接
到"好好拧紧"的指示，但"好好"的程度存在个人差异，可
能会出现应当好好拧紧的螺丝钉实际上却没能拧紧的情况，从
而出现质量问题。

但是，如果制定了"拧紧螺丝钉直到听到'咔叽'一声"

的标准，无论是谁来作业都会以同样的力度去拧紧螺丝钉。

所谓标准，就是谁都可以依照它制作出同样产品的一种架构。

曾在印度尼西亚的工厂指导现场作业人员的培训师富安辉美说："只要认真地把标准告诉他们，即便语言不通、技术不熟练，也可以避免失败。"

"虽然有很多在日本人之间能默契配合相互理解的案例，但是在国外的话就必须从最基本的部分开始说明。要花一些时间去解释'标准'，只要他们理解了，就会依照标准来作业。

曾是新手的一名现场从业人员，最后挑战了国际技能奥运会，表现得非常出色，获得了银奖。以前连砂纸都没有用过的人居然得了银奖，可见标准的效果十分显著。"

无论什么工作都有"标准"

制定标准后，将其认真地教给下属，失误就会锐减。

不过，特别是办公室那样的工作，对"标准"没有明确的规定也是事实。因为有很多工作是交由个人执行的，所以信息输出的速度或质量也容易变得参差不齐。

但是，**无论是什么工作，应该都有称之为"标准"的东西。** 通过认识标准，工作的方式会发生翻天覆地的变化，失败也会锐减。

例如，决定好企划书与报告书这些文件的格式的话，就能在某种程度上谋求"标准化"，防止"遗漏要点"等问题的出现。

此外，提交期限的三天前要让上司检查企划书或者报告书的草稿，把这作为单位的标准的话，不仅能确保文件的质量，还能减少超过提交期限的情况。

在业务的工作程序中，将"一个月约见现有客户一次"这件事情标准化，不仅可以防止现有客户的销售额的减少，还可以提高整个业务部门的业绩。

在召开会议的时候，将"事先决定议题""在开会的前一天分发资料""定好会议负责人"这些事情标准化，能够有效提高会议的效率。

无论什么岗位，都应该有可以标准化的工作。首先试着盘点一下自己或单位的工作吧。

"标准"的例子

1 文件的格式

定好必须记入的项目或
内容，规定好格式

2 业务活动

一个月约见现有客户一次

3 举办会议

将"事先决定议题""在
开会的前一天分发资料"
"定好会议负责人"等事
情标准化

制定"标准"并在工作中遵守"标准"的话，
失败就会减少

但是，有一点必须注意。

标准与不认可现场变化的“指南”不同，是会在现场进一步进化的东西。如果有更好的方法，就要对标准进行改善和更新。时常质疑现有的标准，让标准进化也是非常重要的。

02 安全与品质要靠"规定"来维持

> 有些工作绝不允许失败。对于重要的工作，我们必须彻底遵守规定。

在丰田，从业人员的安全非常受重视，甚至有"第一是安全，第二也是安全"的说法。因为在生产现场，稍有不慎就有可能演变成工伤那样的大事故。

而且，汽车可能会危及驾驶员的生命，因此针对品质问题，丰田制定了非常严格的标准。

丰田不仅有生产、成本、职场的规定，还有为了确保安全与品质而制定的规定。

安全就跟空气一样，没有它人就无法生存。由于安全问题很容易被忽视，所以严格遵守安全规定十分重要。

其中一个确保安全的规定叫作"Po、Ke、Te、Na、Shi"①。

---

① 分别取自日语"口袋、手机、扶手、斜向、手指口令"的第一个音。——编者注

Po：不要把手放在口袋里。

Ke：不要一边看手机（智能手机）一边走路。

Te：（上楼梯时）抓紧扶手。

Na：不要斜穿通道。

Shi：做手指口令（过通道时停下脚步，用手指指向左右两边，复述"右边可以""左边可以"）。

贯彻落实这些的话，就可以避免走路时可能遇到的事故或灾害。

一旦事故发生就迟了，我们有必要严肃对待违反规定的人，防患于未然。

严厉斥责违反规定者的上司

培训师高木新治经历过一件让他深感遵守安全规定是多么重要的事情。

有一天，高木的下属不抓扶手，将两阶并作一阶走，而这一幕碰巧被部长看到了。因为按规定是要抓住扶手一阶一阶地上楼梯，所以部长把高木叫了出去，就其下属没有遵守规定的事狠狠地训斥了他一顿，甚至断言："如果你连下属都管不住，那么我也没有办法信任你。"

高木无法接受，第二天早上，他召集了全部 120 名下属，带着其中的管理监督人员一起到部长面前，提交了辞呈。关于那件事情，高木回忆道：

"那时已经不是做鲁莽事情的年纪了，我想我是感情用事了。虽说遵守规定很重要，但是比起这个我更愿意去重视下属的自主性。因为在我年轻的时候，有过由于上司的控制欲很强，单位的员工都畏首畏尾的经历，所以我的脑中一直有拘泥于规定的话下属的自主性就无法发挥出来的想法。

被部长狠狠训斥的时候，我感觉我的想法被全盘否定了，想也不想就采取了意气用事的行动，之后我也反省过了。当然，辞呈在当时就被部长撕毁了……"

那之后过了两个星期，意外发生了。高木的下属在试图擦掉叉车抬起的油桶底部附着的油渍时，油桶掉了下来，导致他的手指受了重伤。

事故的直接原因在于那名下属没有遵守安全规定。本来按规定是不能把手或身体伸到重物下方的，一旦需要伸到下方时，必须做好防止重物掉落的措施，确保安全之后才能作业。这次事故就是由于下属轻率地认为"这样应该没事"而去作业所导致的。

高木反省道：

"为时已晚说的就是这件事，发生了事故，我才终于明白为什么领导会对下属违反规定的事情勃然大怒了，也才理解了他的良苦用心。领导是在某些地方感觉到了我的单位缺乏遵守规定的意识吧，所以，在看到不抓扶手两阶两阶上楼的下属时，才会火冒三丈地训斥我。

最终，关于事故领导并没有责骂我，不过，对于已经发生的问题，领导将每天的公司巡逻贯彻到底，决定对作业进行检查。我不仅没能保护下属的安全，还给全体员工增添了麻烦，为此我重新认识到了遵守规定以及让下属遵守规定的重要性。"

越是重要的工作越要把规定贯彻到底

无论什么职业，总有一些如果不遵守某项规定就会酿成大祸的工作。就像之前所提到的那样，重要的是要从重要程度、紧急程度、扩大趋势等方面决定优先顺序。

"会给客户添很多麻烦""置之不理的话马上就会被投诉""严重影响销量""这关系到品牌的信誉"，这些问题十分严重，我们要特别注意。

比方说，制定好"某天之前做出应对""严格遵守时间"等规定之后，剩下的就是贯彻落实这些规定了。

当然，如果只是制定规定的话是没有意义的，还要反复提示大家，让大家遵守规定。

在一篇名为《劳动灾害的周期性》（池田正人著）的论文中，作者写道："事故发生是有周期性的，一旦松懈下来，它就可能会在 240 天后再度发生。"正如论文所说的那样，无论多想贯彻落实安全规定，人们的注意力还是会逐渐下降。

培训师高木说，为了在自己所属的工厂贯彻落实安全规定，他在每三个月一次的工长轮换时，都会开展以"教育、训练与启发"为主题的安全周活动。

为了让下属遵守规定，定期引起他们的注意显得尤为重要。

示范、实践、配合

在丰田，教授工作方法的顺序是"示范、实践、配合"。

上司自己先示范着做一遍然后让下属去做，可能很多单位的做法都是这样的。

但是，在丰田，上司会彻底监督下属，直到他们将学到的东西真正吸收并转化为行动为止。

在某培训师工作的工厂，培训师曾要求自己开车上班的从业人员将系安全带的规定贯彻到底。当时法律上还没有规定系安全带的义务，不系安全带的司机大有人在。

虽然那个工厂为了将安全规定贯彻到底，以资料的方式向大家说明了"不系安全带导致死亡的事故时有发生"，但还是有不遵守规定的从业人员。

于是，工厂在公司停车场安排了管理监督人员督促员工系上安全带，甚至有上司借口说"用我的车送你回家吧，不过换你来开"送从业人员回家，以督促员工彻底遵守安全规定的。通过不断的努力，终于让大家都开始遵守规定了。

03 | "定点观测"
防患于未然

> 每天观察的话，可以发现"细小的变化"。针对这种变化采取措施，可以避免失败。

不管为了避免失败构建了多少架构，如果作业人员的体质下降了，或者有烦恼而心神不宁的话，都可能会导致失误的发生。一百个人就有一百种情况，所以失误是无法完全避免的。

不过，培训师高木新治断言，**"通过定点观测可以预防失败"**。

高木所在的单位负责管理设备，他们在流水线因为连续放假而停工的时候，实施了替换流水线设备的"连休工程"。高木作为管理监督人员去查看工程的进展时，看到某个机器前面聚集了很多人。

经询问得知，是一个年轻的下属在配线上出了错，机器的电子零件发生短路了。碰巧同样的零件在同一个工厂里还有一个，替换过来就没事了。不过，万一没有零件的话，流水线设备就无法完成更换，那么流水线在长假结束后就无法正常运作。

引发问题的年轻下属并非技巧不足，他做过好几次初级配线作业，按道理应该能轻松地完成任务。

那么，为什么他会出现失误呢？

随后，经调查得知，他因为有欠债这种个人问题，再加上和妻子吵了架、夫妻关系不和睦，因此没办法将注意力集中在作业上。

通过早会和广播体操来把握人的状态

在丰田内部，每天早上都会开早会。早会除了可以传达信息外，还有另一个重要的作用。

那就是，观察从业人员的表情。**身体状况不佳和有烦恼的从业人员，他们的状况都会通过表情表现出来。**

培训师高木这样说道：

"事故当天要进行连续放假期间的非正常工程，我是之后才到现场去的，而平时应该在作业之前开早会。说句马后炮的话，要是开了早会的话，也许就不会发生那场事故了。

当然，也不是每次都能看穿员工的心事，但问候一下、稍微聊一聊的话，'身体好像不太好''没有集中精神'这些类似状况总会有所察觉。无论是能力多强的人，作业时没有集中精力的话，出现失误也不奇怪。必要时可以把非正常状态的员工调配到负担较轻的工作上面。

这样做真的有效吗？你也许会抱有疑问。但如果每天早上都打照面的话，总会察觉到细微的变化。这就是'定点观测'的好处。"

在丰田，也有在早会时做广播体操的部门。**对上司来说，广播体操是准备运动，也是定点观测确认员工"动作有没有很奇怪""身体是否欠佳"的机会。**

在单位，每天相互打招呼是沟通的一环，如果把它作为"定点观测"来确认员工状况的话，也能防患于未然。

04 | "看不到的工作" 才更需要真诚

> 对于周围人难以检查的工作，自己更需要采取可以保证产品品质的措施。

越是依赖个人裁夺的工作，人们越是容易对它的做法与内容秘而不宣，经常有直到出现了问题与失误后，大家才知道"工序漏了一道""作业检查没有严格执行"的情况。

越是难以从外部检查的工作，自己越有必要认真地做好。

在焊接部门任职过的培训师高木新治说，在丰田工作的时候，他曾将"焊接才更需要真诚"这句话作为口号使用。

焊接的工作只流于表面的话，那么就算是在生产过程中偷工减料出现质量问题，也很难被发现。不用像磁共振成像设备（MRI）那样的装置进行检查的话，其他人根本无法判断工作是否到位。

但是，也不能因为从外观上无法判断工作是否有异常，就偷工减料。如果这样做的话，之后就可能会成为产品损坏或破损的原因，为产品的质量蒙上阴影。

正因如此，高木才打出包含自我约束之意的口号，"焊接才更需要真诚"吧。

越是难以从外部检查的工作，我们越要频繁地进行自我检查，下一番苦功夫。

"完成本人工序" 确保品质

在丰田，当自己的工作完成的时候要评估工作的质量，如果质量不佳，就要立即停止工作做出处理，避免让有质量问题的产品流到下一道工序。

这就是"完成本人工序"。

"品质由工序保障" 这句话在丰田的使用频率很高，为的是要让员工在自己的工序上确保产品品质，不让产品质量出现问题。

在丰田，工厂负责人或管理监督人员，要贯彻落实完成本人工序，以使工序确保品质。

完成本人工序的思考方式非常重要，它也适用于办公室的工作中。

例如，业务员有只要完成工作定额，就不被过问过程的时候。但是，如果过程马虎的话，就有可能无法达成工作定额。

鉴于此，针对"一周之内打 30 个预约电话""1 个月拜访 20 个新顾客"这些情况，有计划地管理进程就显得十分重要了。

同样，进程交由个人拿捏的企划等职位，也有必要像"某月某日之前分析问卷调查""某月某日之前完成企划书"一样，自己思考一些检查要点，有计划地推进工作。

如果进程管理松懈，就无法依照原定计划推进工作，导致赶在期限到来前才慌慌张张地完成工作。这样漫无计划的工作，必然会造成产品质量的下降，失败的风险也会大大增加。

"只要有成果怎样都行"的想法是招致失败的一大原因。

05 "应该能做到" "一知半解" 会导致失败

> 不要因为熟悉工作岗位，就对自己的工作盲目自信。"一知半解"会为失败埋下伏笔。

有人说开始习惯工作的时候最容易失败。因为"一知半解"，跳过了本来应该遵照的步骤，认为自己已经上手了，所以放松了检查。

培训师富安辉美就有过自己懈怠而招致失败的经历。

那是富安假日上班，打算去修理安装在流水线上的模具时发生的事情。明明是已经做了无数次的、熟悉的工作，富安却一不留神将模具弄弯了。

最终，富安自己设法将模具修好了。要是把模具损伤得再严重一些，那恐怕等到假期结束，流水线也不能开工了。这可以说是九死一生。

富安带着自我劝诫的意味这样说道：

"那个时候，我三十多岁，自认为熟悉了工作，其实也不过是'一知半解'。我在熟悉的工作上弄错了作业顺序，导致了严重的失败。越是有丰富的工作经验，越是在工作进展顺利的时候，越是要注意。自满可能会招致意想不到的严重失败。"

"应该能做到"是教导下属的禁忌

教导下属时也一样。**"应该能做到""你懂的吧"也会导致事故的发生**。过度相信下属，对给下属下达工作指示的上司来说是一种禁忌。

培训师桥本亘在丰田的时候曾负责雷克萨斯的涂装作业，他也是一个由于过度相信下属而尝到失败苦头的人。

雷克萨斯的涂装比普通汽车的涂装要特殊许多，在一开始，会有光照不同而导致伤痕时隐时现的情况。在白天普通的光照下看不到的伤痕，会借着早晨或傍晚的光线显现出来。因此，在检查的工序中要一边变换光线的波长，一边谨慎地检查涂装。

有一天，新车销售店联系桥本，指出"有一台雷克萨斯上能看到像伤痕一样的东西"。它就是那个依照光线种类不同而显现出来的伤痕，而检查的工序把它漏了。

调查原因才发现，负责检查工序的是最近从别的工厂调过来的员工。因为是经验丰富的员工，上司擅自认为他肯定已经牢牢掌握了检查雷克萨斯应当注意的要点，并没有对他说明有关检查特殊伤痕的事情。

桥本认为没有就检查方法对新调来的员工进行督导，是自己的责任。从那之后，即便是对老手，他也会从最基础的地方开始说明雷克萨斯涂装的检查方法。

培训师大岛弘说，他也曾有因过度相信下属而失败的经历。

大岛在修理某个设备的时候，将顺序总结到了要领书（为了在短时间内确保工作质量而将方法或手段记录下来的文件）中。

那个设备使用的是一种特殊的输送带，需要根据它的大小切割输送带并与之连接。于是，大岛就在要领书上写"需要根据设备切割并连接输送带"。

这之后的一天，新进同事依照要领书进行保修设备的作业却迟迟没能完成。大岛有点担心便前去察看，发现新进同事正为了连接上输送带而陷入苦战。

大岛只需要5分钟就可以完成的作业，新进同事却花了两个小时还没有完成。结果，他们不得不让流水线停工。

原因非常简单。

连接输送带的地方空间非常狭窄，手没办法完全伸进去。尽管如此，新进同事在根据设备大小切割好输送带之后，仍铆足了劲试图在那么一个狭小的地方把它连接上。输送带不仅没有多余的部分，手还很难伸进去，这种情况下作业根本无法顺利进行。

大岛作业的时候，是在将输送带连接上设备之后才将多余的部分切割掉的。因为输送带的长度还有多出的部分，所以即便是在狭小的地方也能轻松地连接上去。

那之后，大岛受到了上司的批评，说他"要领书写得很糟糕"。大岛因为想着"将输送带连接上之后再切割是理所当然的事情"，所以轻率地认为"不用写得那么详细大家也能明白"。这是忽略了作业的关键细节才导致的失败。

由此，大岛切身体会到了"应该能做到""你应该知道吧"等想法确实会招致失败。

▎即使"信赖"也不可以"盲目相信"

培训师原田敏男说："对于下属，即使'信赖'也不可以

'盲目相信'。"

"这是我在丰田工作时上司对我说过的话。信赖下属，以'将工作交给他，他就一定能做出成果'这样的态度去对待他，是正确的。不然的话，下属就不会用自己的大脑思考，只会变成一个提线木偶。

不过，无论是怎样令自己信赖的优秀下属，都不可能完美地完成每一项工作，偶尔也会出现一些失误。因此，**在将工作交给下属的时候，不要盲目地相信他，要考虑到谁都会犯错这个大前提。**"

无论是多么优秀的人，都会有因为粗心大意而做出蠢事的时候。

对于一些自尊心强的人来说，是说不出"不知道"的。这种情况下，盲目作业就会出现失误。所以，即使是值得信赖的下属，也绝对不要盲目地相信他。

如果对某个人产生了类似"他没问题吧"这样的不安的感觉，那么就要在事前跟他确认他会以什么样的方式进行作业。如果他的回答语无伦次，或者含糊不清，就可能是知识或经验不足，也就无法让人信服。

　　将新的工作交给下属时，要事先与下属进行周密的协商。
以此为基础，就可以防患于未然。

06 | 以"课堂+实践"的方式防止一知半解

> 语言传达总有局限性。"以为自己告知了"会引发重大失误。

为了避免"一知半解"而导致的失败，只凭口头说明、指示工作的做法是不够的。语言传达总有局限性。

培训师大岛弘说："请记住，仅以口头传达的话，对方只能理解三成左右。"

"我们这些培训师在为客户指导改善措施时，首先是从课堂开始的。在课堂上，我们会教授大家丰田生产方式的基础等教科书式的内容，而无论我们对那些对丰田生产方式不熟悉的人进行怎样的说明，他们也不可能完全理解，这也在情理之中，毕竟丰田的从业人员也是花了好几年时间才学会的。因此，我绝对不会认为'只解释一次大家就能懂'，只有课下到现场去实践，他们才能理解课上讲过的要点。"

只教给下属作业步骤的话，上司会以为"自己已经把工作交代清楚了"，下属会产生"一知半解"的自满，从而诱发失败。

口头说明之后，要让下属到现场去尝试。上司应根据实际情况亲自示范，让下属理解作业的要点。

也就是说，凭借"课堂+实践"这一配套教学的方式可以有效避免失败。

分享"过去的案例"

我想，已经采用了"课堂+实践"的方式来进行教学的企业应该不在少数。但是，丰田所做的还不止这些。

培训师大岛弘说："在这之外，分享过去的案例也很重要。"

作为教授一方的上司或老员工，在迄今为止的同样的作业中，应该积累了许许多多失败或成功的经验，以那些经验为基础，给新手分享不失败的要点或顺利作业的要领，可以加深他们对于工作的理解。

例如，在指导 5S 作业时，不仅要告诉他们"舍弃不必要的东西"的意义，还要让他们在现场进行实践，将自己的经验传授给他们，比如观察哪里能够更容易发现不必要的东西。

不仅要告诉他们"舍弃不必要的东西"，还要依据自己的经验告诉他们"不需要的东西容易隐藏在墙边""一个月不用的东西就是不必要的"等。

此外，被教授的作业人员抱着教授别人的想法去观察现场的其他工作人员的话也会十分有效。为了教授某个人，不仅需要自己理解并且掌握要领，还需要进行更深层次的思考。因此，如果能在掌握工作要点的基础上，教会别人的话，就可以认为自己已经完全理解了。

像这样，在"课堂+实践"的基础上，多次重复"观察教授的方法，提出建议"的环节，能让对方深刻理解作业的本质，防止"一知半解"情况的发生。

07 将他人的失败想成"自己的失败"

同样一个问题，可能也会在其他地方出现。共享问题与解决对策，可以防患于未然。

丰田将自己部门以外的地方出现的问题，视为他山之石。

例如，如果看到"某工厂管道起火引发火灾"的新闻，丰田就会检查自己工厂的管道，防患于未然。

培训师山田淳行说道：

"科长在早会时说：'看了今天的报纸吗？听说某某工厂过滤灰尘的集尘机引发了火灾，我们确认一下公司的集尘机有没有问题吧。'我们就安排人手去检查了工厂里的所有集尘机。

通常，话题会以'某某工厂发生火灾真是太惨了'结束，但丰田会将他人的失败当作自己改善的契机。"

在丰田，到处能听到"把它作为基准"这句话，**也会将公司其他部门的失败视为自己的失败，并采取对策不让自己的部门发生同样的问题**。这样做，可以在最大程度上吸取失败所带来的教训。

因此在丰田，一旦某个部门出现了严重事故，就会有很多其他部门的领导过来参观。

也许明天就会轮到自己。所以，为了避免自己出现类似的问题，模拟体验他人的失败就显得尤为重要了。

通过新闻看到其他公司的事故或听到同行的失败案例时，不能以旁观者的角度感叹一句"那真是不幸"就完事了，而应思考自己的部门是否有相同的问题。这样才能提高自己对问题的敏感度，防患于未然。

有效的改善需要"横展"

不仅向其他部门学习，还把自己部门的改善经验普及到其他部门，这已经成为丰田人的一种习惯。例如，可以将防止问题再度出现的预防对策传达给其他部门。这种经验的横向扩展被简称为"横展"。

培训师森川泰博曾经让自己指导的公司的员工到丰田的多个工厂参观。之后，他询问员工的感想，员工说："无论哪一个工厂都将同样的事情贯彻到底了，这令我很吃惊。"

还有员工说："无论参观的是哪一个工厂，丰田的人跟我们说明的内容都是完全一样的，而且跟平时（培训师）森川先生指导的内容也是完全一样的。在丰田，即便是各自独立的工厂，也都贯彻落实同一个标准。而在我们的工厂，即便是相邻的流水线，用的也是不同的做法，感觉乱七八糟的……"

这些反馈充分说明丰田贯彻落实了"横展"。

培训师土屋仁志也有将自己部门实施的改善对策横向扩展到其他工厂的经历。

这是对产品抽样检查时发生的事情。一名员工的手被机器夹住，手指受了伤。

流水线上的产品流过来时，需要按 20 个里抽取 1 个的比例做质量检查。依据规定，在抽取产品时，要先暂停流水线，但是那名员工急着作业，在没有暂停流水线的情况下就去做抽样，结果手指就被机器夹住了。

违反规定是下属的错，但让下属受伤却是上司的责任。土屋没有训斥他，只是专心地思考对策。

最终，土屋想到的是给零件加上包装的对策。因为零件上有包装，所以不暂停流水线就无法打开包装把零件取出来。这样一来，就可以防止有人把手伸到流水线上而受伤。

后来，这种包装方式被横向扩展到了全国的其他工厂，为防止作业人员受伤提供了保障。

同在一家公司，却不清楚隔壁部门在做什么工作的情况时有发生。**将在某一个部门能发挥出作用的架构应用到其他部门应该也会有效果。**不要成为"井底之蛙"，请以开放的视野去展望职场吧。

通过"横展"预防失败

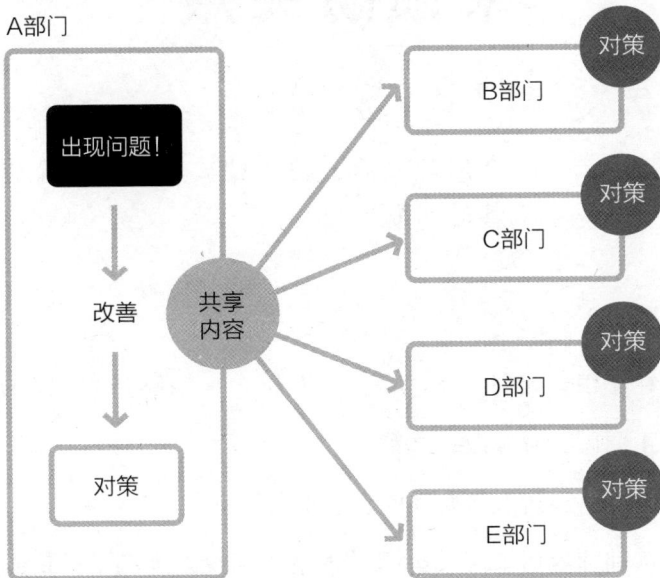

A部门

出现问题！

改善

共享内容

对策

B部门 — 对策

C部门 — 对策

D部门 — 对策

E部门 — 对策

将改善的案例分享给其他部门，通过采取对策，
防止发生同样的问题

08 通过思考“那么，之后该怎么办？”来预防失败

> 丰田的改善是永无止境的。解决了一个问题之后，马上就要思考下一个需要改善的问题。

在丰田，人们会通过“5 次为什么”回顾过去，查明问题的真正原因，寻求改善之策。

但是，通过改善解决问题还不是终点。

培训师森川泰博说："我当时的上司反复强调了一句话。"

"如果一般的员工对问题进行了改善的话，上司就会表扬他'干得不错'。表扬员工也是丰田的一种文化。但是，做到工长以上的位置，站在责任更大的立场上，被表扬的机会就会一下子减少。即便改善了问题，上司也不会对我说'干得不错'，而会问'那么，之后该怎么办'，让我思考下一个改善的对策。"

在丰田，改善是永无止境的。一个改善结束以后，上司就会问"那么，之后该怎么办"，让你思考下一个改善对策。通过改善经验的积累，丰田的现场得以不断进化。

因此，如果在丰田升职了，比起得意于过去的业绩，更需要的是解决长期困扰公司的问题，或是思考防患于未然的对策。

将这些直截了当地表现出来的话，就是"那么，之后该怎么办"。

这个问题解决了，那么接下来就应吸取这个教训，想想可以将它应用到什么地方。

这种方法，就是上文介绍过的"横展"。改善了某个问题的话，就对其他会出现同样问题的流水线和工厂实施对策。

"防止问题再次发生"与"防患于未然"同样重要

通过思考"那么，之后该怎么办"推进后续的改善工作可以防患于未然。

防止问题出现有两种层次。

一种是"防止问题再次发生"。就是为了让出现过一次的问题不再出现而排除其根本的原因。当丰田现场出现失误与问题的时候，这种防止问题再次发生的做法会被优先采用。

防止问题再次发生之后要进入的下一个阶段就是"防患于未然"。

所谓防患于未然，就是采取措施不让同样的问题出现在其他工序或部门。

例如，针对"忘了上零件"这个问题设计人员设计了一种没有上零件就不能进入下一道工序的装置。这样一来，在针对"忘了上螺丝钉""忘了检查"这些类似问题采取对策的同时，也可以为了不让其他工厂出现同样的问题，把对策应用在其他工厂或工序中，防患于未然。

通过思考"那么，之后该怎么办"，不仅可以防止问题的再度出现，还可以让人们意识到要防患于未然。

09 工作节奏不佳时容易失败

工作中的"不合理、不稳定、浪费"都会引发失败。排除这些问题，调整好工作节奏就能够有效减少失误。

丰田生产方式的基本概念中，有一条叫"不合理、不稳定、浪费"。

"不合理"是指作业负担重，作业量或日程安排超过了能力范围。"浪费"是指生产了多余的产品或者做了多余的动作。在丰田，"7 种浪费"（请参照 103 页图片）是需要彻底排除的。不合理和浪费是造成生产率下降的重要因素，所以在丰田现场，人们会竭力将它们彻底去除。

"不稳定"是指不合理与浪费的状态交替出现。有时工作很多非常繁忙，有时却又没有工作非常闲，这样不稳定的状态会令工作的节奏变得混乱。如同不合理或浪费的状态会使失败增多一样，不稳定的状态同样容易诱发失败。

培训师原田敏男说：

"丰田之外的人看到丰田的生产线时，会感叹，'连呼吸的空闲也没有，真是太辛苦了，换作是我肯定忙不过来'。一直在作业看上去很累，但其实作业人员是以一定的节奏工作的，并不会感觉到压力。倒不如说一时忙一时闲反而会让注意力难以集中。"

工作节奏稳定不易引发失败。因此，有计划的工作是非常重要的，上司有必要考虑员工的情况，为其分配有一定负荷的工作。

在改变工作节奏的节点上也容易出现失败。

有许多工作需要处理时，因为注意力比较集中，所以很难出现失败。但是，工作量减少、比较空闲的时候，注意力会变得分散，人会去思考多余的事情，所以容易失败。

一旦有时间，人就会去做多余的事情。例如，因为有多余的时间，所以制造出了过量的产品。如果没有放置的地方，就把它们暂时放在某个地方的话，不经意间就会弄丢。这样的事情很容易发生。

人事变动的时候也要特别注意。换了上司或同事之后，部门人员都会不太稳定，容易出现失误。在几个月之内有必要特别集中精力。

"不合理、不稳定、浪费"会引发失败

不合理	作业负荷高，作业量或日程安排超出能力范围
不稳定	有时很忙，有时很闲，工作节奏不佳
浪费	过量生产或做多余的动作

7种浪费

1 等待的浪费　指的是作业人员想要进入下一个作业却没能进入，一时间无事可做的状态。

2 加工的浪费　指的是在生产（工序的进程）或品质（加工品的精密度）方面，没有任何作用的、没有必要的加工，以及不会影响原本工作完成进度的、不必要的作业。

3 库存的浪费　指的是成品、零件、材料保存在仓库等地方，不能马上使用的状态。在办公室，则是指没有马上用上的文具、文件、数据等。

4 动作的浪费　指的是没有产生附加价值的动作，为了取零件蹲下来的行为，等等。

5 搬运的浪费　指的是没有产生附加价值的步行、搬运工作。在座位与复印机之间多次来回走动，为了上司的审批四处奔波也是搬运的浪费。

6 过量生产的浪费　指的是生产了超出必要数量的产品，或者比需要的时间更早地制造完成。

7 质量问题、修改的浪费　指的是不得不废弃的东西，或做了有必要返工和修改的工作。

10 | 扩展自己能 掌握的领域

> 失败会出现在自己无法掌握的部分。
> 要尽可能扩大自己可以管理的领域以防止
> 失败。

在自己无法掌握的部分中，不确定因素会变得更强大，失败也会增加。

因此，**站在对方的立场上思考，或尝试把自己当作当事人，也是防止失败的一种方法。**

培训师山田淳行在担任科长的时候，为了提高自己部门的生产率，制订了改善工序的计划。为了实现这一计划，需要在连续休假期间给流水线施工，这就必须和技术人员确认日程安排。

然而，因为技术人员平日就有很多工作要做，所以他们会优先处理优先程度比较高的工作。山田向技术人员询问时，也总是得到"和厂商的安排合不上"这样冷淡的答复。

施工越晚，改善进行得也就越晚。也就是说，会失去一部分通过改善提高生产率之后未来可得的利益。这对山田的部门来说是一个严重的损失。

山田对于当时的事情这样回忆道：

"这样下去，等到最后也没办法提高生产率。带着这样的危机感，我决定实施某项战略。将技术人员负责的前期准备的工作交由自己部门的人来做。做好筹备工作，减轻了技术人员的负担，让他们的工作变成了短时间内可以完成的'美差'。这样一来，我们在他们那边的优先程度就提升了，他们会优先处理我们的问题。最终，我们用了两年时间实行了改善，达成了尽可能高的生产率。"

站在技术人员的立场思考，能够更加顺利地实现自己的目标。

对公司之外的失误也一起思考对策

丰田的生产，是由众多提供零件的公司合力支撑起来的。如检查零件状况不佳或交货延迟的话，会立即对生产率产生影响。

于是，当公司之外的合作公司出现问题的时候，丰田会派人到对方公司的现场，一起思考为什么会出现问题，然后对问题做出改善。

丰田不会斥责其他公司："我们很难办啊！如果这种情况继续下去的话我们再也不下订单了。"

"这种方法，可以维持品质。"

"这样管理，可以按时交货。"

丰田会毫不吝啬地拿出诀窍，和其他公司一起解决问题。

"这样的话，对方公司不会觉得麻烦吗？"可能也会有这样想的人吧。但是对对方来说，因为质量问题或延误交货而给丰田添麻烦是更应该避免的问题。因此，很多公司都是以合作的态度来应对改善或解决问题的。

不仅是丰田，对于将部分业务进行外包的公司而言，当其他公司的失误影响到自己工作时，都有必要和他们一起商量对策。

例如，如果外部同行提交的报告或提案上经常出现疏忽的话，就为他们准备包含必要项目的格式。如果延迟交货的情况不断发生的话，可以代替对方做日程管理。

像这样，通过扩大与外部同行合作的领域，可以在一定程度上防止出现无法掌控的失误。

第 **4** 章

灵活处理失败
问题的交流方法

01 把后工序的人当成客户

> 与其他部门的交流不足会引发失败。通过构筑"共享信息的平台"可以预防失误。

在丰田，有"把后工序的人当成客户"的说法。同一家公司，如果能让后工序变得容易进行，那么无论是生产速度还是产品质量都能得到提升。

例如，对模具而言，粘了一根头发或一点灰尘都会造成细小的伤痕，甚至会导致下一道冲床作业的流水线工序停滞。如此一来，负责前工序的模具制作部门会遭到冲床工序部门的严厉责问，不得不将模具重新擦亮。

曾从属于模具制作部门的培训师富安辉美在听取了后工序人员的反馈后，竭尽全力对问题进行了改善。

例如，为了防止灰尘或头发粘到模具上，富安采用了以塑料薄膜覆盖模具后再搬运的方法进行改善。

即使在自己的工序中没有出现失误，却在后工序中引发了失误，这不仅会严重影响生产率，还会让自己的工作受到负面评价。

曾在模具制作的后工序——冲床作业工作过的培训师原田敏男说：

"过去，当模具出现问题、冲床作业进行不畅的时候，我们只是跟模具部门诉苦'出现这样的问题，让我们很头痛'，却一直没有办法让质量问题减少。直到后来我们改变了想法，意识到只有和模具部门积极交流，制造机会让双方都知道对方的期望与实情，才能制造出更好的模具。"

在原田所属的冲床部门，据说每三个月会定期请前工序的模具部门员工到冲床的现场做信息交流。例如，把模具组装到机器上对铁板进行冲床作业时，由于模具总是会出现损耗，所以总是会有凸起（加工材料时出现的无用凸起）。而如果去掉凸起将铁板放到模具里，进行冲床作业的铁板又会出现伤痕，问题总是不断出现。

这些问题是模具与冲床两个部门的共同问题。部门交流增进了双方在工作上的相互理解，促使他们想出了单个部门无法想出的对策，一口气减少了很多质量问题。

此外，原田的冲床部门也和后工序的主体部门一起开展了同样的交流会。在此之前，如果主体部门发现了问题，只能由主体部门自己解决，因此他们和冲床部门的关系一直不好。通过共享质量问题的信息并合力思考对策，主体部门工序中出现的问题也得到了妥善的解决。

通过共享前后两个工序中出现的问题，以及产品质量不佳等信息，能够预防的失败也越来越多了。

创造共享信息的平台

即使在一般的企业里，业务部门与制造部门的对立问题也是非常常见的。业务部门会说"就是因为制造部门没有提供正确的信息，我们才没办法制订销售战略"，而制造部门又会反驳说"我们明明制造出了这么优秀的产品，是业务部门销售力度不足导致产品销量不佳"。你的公司可能也存在这种不同部门之间相互对立的问题。

但是，通过创造共享信息的平台，双方就可以知道彼此正在做什么样的工作，又在为什么事情头痛。也就是说，通过共享信息，可以消除双方的敌对情绪。

此外，通过共享信息，有可能会萌发出解决至今为止悬而未决的事项或问题的好主意，当然，也能预防失败。

制订计划，将制造部门与业务部门的人员混编在一起，打造一支战队也是非常有效的方法。

丰田有一种叫做"大房间合作式"的策划方法。即将开发、设计、加工和组装等多个工序的相关人员聚集起来，一起推进一个项目。与字面意思一样，就是在一个大房间里把相关人员的桌子并在一起，让大家一块儿工作。定期开会，以共享信息的方式来推进工作的方法也可以说是大房间合作式的作用。

大房间合作式的好处是共享信息。通过共享问题，可以预防失败。当然，只是"拼凑在一起"是没有意义的。在一个项目中，担任领导角色的人要想方设法促进不同部门的人合作，设法让大家相互沟通，只有这样才能发挥出大房间合作式的作用。

不同工序、部门的信息共享

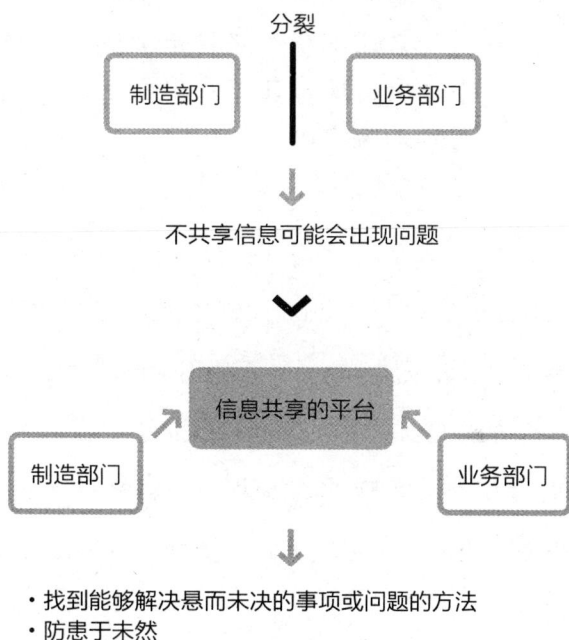

分裂

| 制造部门 | | 业务部门 |

不共享信息可能会出现问题

信息共享的平台

| 制造部门 | | 业务部门 |

· 找到能够解决悬而未决的事项或问题的方法
· 防患于未然

知道彼此的工作内容或头痛的问题，
可以防患于未然

02 | 不告诉下属 "答案"

> 只让下属依照指示去做，同样的失败
> 会再次出现。让下属用自己的大脑去思考
> 问题尤为重要。

即便出现了问题，丰田的上司也不会说"这样做就好"，将答案原原本本地告诉下属，而是让下属用自己的大脑去思考。

丰田生产方式的创立者大野耐一、铃村喜久男曾对现场的监督人员说："画个圆圈吧。"在地板上用粉笔画一个圆圈，之后就站在里面一直看着现场不要动。这样，就可以找到问题及其解决对策。

告诉下属"答案"的话，他们就失去了用自己的大脑思考问题的机会，就不能理解工作的要点，以致反复经历同样的失败。

培训师森川泰博说：

"工作方法中有'这样做就可以顺利进行'的要点。我将其称为'诀窍',如果只是将答案告诉员工的话,他们就无法完全理解这个诀窍。只是听取答案,即便是本质内容上一样的工作,只要岗位或环境稍稍产生一点变化,同样的失败还是会再度出现。这是因为员工没能好好应用这个诀窍。

要真正理解诀窍,必须让员工在自己的脑中进行'这也不对那也不对'的思考,经历了这种过程的人哪怕工作的内容或环境稍作变化也不会摸不清工作的要领,所以也不会失败。"

只要稍微有一点改善就不会受到斥责

培训师森川说他做工长的时候,即便是出了问题,他的上司也绝对不会告诉他答案。一直耐心地陪伴并引导员工也是丰田上司的一大特征。

即便问了"关于这个问题你是怎么想的""哪里有问题",上司也绝对不会告诉下属答案。

"如果有必要改动设备的话,你可以让技术人员去做。"上司会给下属类似的提示,告诉下属能够得到的支援。然后,上司会留下一句"我一周后再来看",便立即离开。

一个星期后,下属报告了"我想问题可能就出现在这里,所以采取了这样的对策”等情况后，即便没能解决问题，也不会受到上司的斥责。只要用自己的大脑进行思考并稍微改善了一点问题的话，上司就算不会告诉下属答案，也会照顾下属，为下属指引解决问题的方向。

但是，什么对策都没想出来就另当别论，一定会"沐浴"在上司的责骂声中，水深火热。

因为现场工作很忙，也有希望立刻得到答案、不想用自己的大脑去思考的人。那种类型的人，只要工作的内容或方法稍微发生一点变化就会手足无措，重复同样的失败。

上司不应该告诉下属答案，而应该让下属自主思考。一边给下属提示，一边让下属自主思考解决问题的方法，这样做可以培育出不会重蹈覆辙的人才。

03 把失败记录下来

> 过去的失败是"宝物"。通过共享失败经验与解决对策，能够塑造鲜有失误的组织。

在丰田，共享失败的经验是惯例。

其中一个手段，是每月定期召开"品质会议"。由管理监督人员将作业现场发生的问题汇报给董事，报告"发生了什么问题，是什么原因，采取了什么对策"，并将失败的案例信息分享给全公司。

通过共享失败的信息，当同样的问题发生在其他工厂或部门时，就容易找出真正原因和对策，迅速采取措施。此外，在防患于未然方面也能起到作用。

"想把过去的失败忘掉"，这是一般人的想法。正因为有这样的心理，过去的失败才容易被遗忘。如果上司接手之后，下属不吸取过去的教训，同样的失败就会再次出现。

丰田的中兴之祖丰田英二说，"失败是你的学费"，他建议将失败的事情记录下来。

在丰田，虽然不同部门的工作方法不一样，**但是将失败作为经验教训记录下来已经成为一种习惯**。其中，也有部门会定期回顾过去的失败。

培训师高木新治说，在丰田的时候，部门会主动安放记录着失败的"回顾板"，将其视为一种义务。

半年回顾一次自己的工作，将失败的事情专门记录在一张纸上，简洁地以"是什么样的失败""为什么会出现失败""出现失败的真正原因是什么""防止失败再次发生的对策是什么"等方面来进行概括。

"每天被业务压得喘不过气，没什么时间去回顾过去发生的失败或失误。但因为有半年一次的'回顾板月'，所以即便是不愿意也会促使我们回忆起过去的失败，它会再一次令人紧张。为了更好地完成工作，我认为类似回顾失败这样的作业是非常重要的。"

将失败作为"财产"共享

共享失败的信息既可以提升员工的技能，也可以预防类似的失败再次发生。

以下是培训师高木新治担任组长时发生的事情。他负责的流水线为三组轮换制，有三个组各自进行同样的作业。

高木说，当时接替工作用的交接本上不仅写有进展顺利的事情，也有失败的事情。

通常，交接本上只会写进展顺利的事情，但高木让下属去挑战困难的焊接工作，并让下属将其中进展不顺利的事情或今后要面临的课题写在了交接本上。

高木这样回顾道：

"挑战失败，可以提升员工的技能，因此失败是重要的财产。不将失败视为耻辱，而把它视为成长的记录。有了这种心态，成员就会积极地将失败记录下来。

这样的尝试，具有很强的培育人才的意思。当然，通过在交接本上记录失败的进程，对其他组的成员来说也是一种学习，能够有效地预防失败。"

将失败作为共享的财产记录下来是非常重要的。通过内联网等媒介将失败记录下来，可以预防同样的失误再次发生，提升整个部门的水平。

写出"吓出冷汗"的经历

走在办公室的时候，由于地面不平，不小心绊了一下差点摔倒。用复制粘贴制作文件的时候，忘记更改客户的名字，添加在邮件附件里差点发出去……工作的时候，总会发生这些让人吓出冷汗的事情。

在丰田，人们将这种很可能会引发重大事故的经历称为"潜在事故"。潜在事故指的是现场让人吓出冷汗、大吃一惊的事情。虽说还达不到重大事故的程度，但却是一种会让人后怕，感觉它很有可能会发展为重大事故、灾害、工伤等事件的经历。

潜在事故是失败的先兆。置之不理的话，很有可能会变成严重的问题。因此在丰田，潜在事故的经历会被分享出来，并得到改善。这已经成了丰田人的一种习惯。

培训师富安辉美在丰田的时候，曾努力推进了"惊吓提案制度"。

- 自己被吓出冷汗的经历；
- 置之不理可能会引发的危险。

每个月，丰田人都会将这些归纳到展示板上并提交提案。

重点在提交了提案之后。上司会浏览一遍提交上来的提案，然后在现场进行确认。如果上司不认真面对惊吓提案而将其置之不理，就会让下属感觉将潜在事故报告上去也没有意义。最终，就不会再有从现场提交上去的提案了。

我想不仅是生产现场，任何工作都会有遇上潜在事故的一天。也可以定期地把潜在事故写在笔记本上，如果能在团队里共享潜在事故的经历的话就更好了。

04 | 传授工作的 "意义"

> "强制性工作"会让失误频发。将工作的重要性告知下属可以提高工作的质量。

上司给下属下达工作指示的时候，会跟下属说："这道工序很重要，绝对不能有失误，作业的时候要格外小心。"

但是，即便下属通过这种方式引起了注意，也会出现失败。不少上司会犯嘀咕："明明已经提醒过了啊……"

这种情况下，问题究竟出现在哪里呢？

培训师山田淳行说："让下属意识到工作的重要性，出现失误的可能性就会降低。"

"在丰田，人们会把安全优先度最高的零件称为'三角S'（▽中间写一个S）。S是安全性'Safety'的首字母，也指一些技能的工序，这些技能在很大程度上左右车辆停止、转弯、行驶等安全性能。因此，尽管上司对下属说了'因为是三角 S 所以你要认真对待'，但其重要性却没能传达给下属。

'这个零件万一折断了，车辆就会失去控制，人也可能会出事。机器当然会控制生产，但身为作业人员，我希望你们自己也能慎重地检查并推进作业。'如果这样跟下属沟通，就能告诉下属正在做的工作的意义，而他们对作业的注意力也会发生变化。"

让下属了解产品的完成形态

预防严重失败的关键在于让下属认识到自己工作的重要性。

即使跟作业人员说了"这项工作很重要"，他们也不会理解它的重要性。大脑记住了，却没有真正领会，这种认知不足会让人在重要的地方犯错。

以下是某个培训师在一个制造医疗器具的制造厂进行改善指导时发生的故事。

这是一个以女性兼职员工为中心，制造用于医疗器具的小零件的工厂。通过询问得知，她们从不知道自己做的零件会用在什么成品上面，会用于什么样的医疗现场。

于是，培训师拜托工厂的管理层，拿来了使用她们制造的零件的成品，让她们看了实物。

"我们制作的零件原来是用在这里的啊。这是要进到身体里的机器上的零件，看来我们责任重大呢。"有人发出了这样的感叹。

随后，她们便开始带着比之前更强的责任感去工作了。

再比如，让下属制作企划书的时候，常有如下对话：

"这个企划书，会主导今年夏天的主推商品。"

↓

"如果这个企划书没能通过，那么我们今年就无法发布商品。"

↓

"也就是说，我们就无法将这个商品送到期盼已久的客户手中。"

只有这样传达，才能让下属对工作更上心，才能有效地预防失败。

传达"事实+意义"

培训师富安辉美说:**"将事实和意义传达给下属是很重要的。"**

在丰田,有一种叫做"非正式活动"的活动。与以纵向联系为中心的职场不同,非正式活动是通过与其他部门、工厂的员工一起开展交流会、相互钻研的平台或者文体活动,激活横向的联系以达到交流目的的活动。也有根据职位创立的团体会(班长会、组长会、工长会)、根据入职形态的不同成立的团体会等。

对参加这些活动的下属,富安不仅会说"你去吧",还会说"非正式活动是成长的机会""认识更多的人,有利于在将来的工作中互帮互助",把非正式活动的意义传达给下属之后再让他们去参加。

富安说:

"不要带着觉得麻烦的心态去参加。将'参加活动可以学到东西'这样的意义传达给下属,可以有效提高下属参加非正式活动的积极性,增加非正式活动的吸引力。这对所有工作都是通用的，在事实的基础上加上意义传达给下属，可以间接地预防失败。"

生产产品的人之中，也有不知道"自己是在生产什么样的产品"而作业的人。

管理者要让他们看到成品，让他们实际感受到有哪些客户会用上这个产品，因为用了这个产品而感到高兴。仅仅让他们感受到这一工作所带来的喜悦，就能增加他们对工作的责任感，降低失败的风险。

05 和难以应付的对象打交道

> 沟通不足会引发失败。因此，越是不
> 投缘的对象越有必要积极地与之打交道。

无论多么优秀的人，都会有自己的好恶。你也有让你觉得"很难对付的下属"吧。

不过，回避与对方沟通、缺乏交流的话，就无法传达应该传达的事情，诱发意料之外的严重问题。

越是难应付的对象越要与之打交道，这种沟通对预防失败尤为重要。

培训师原田敏男回忆，在他年轻的时候遇到过一位一边说"你这人真讨厌"一边评估工作并帮助他提高水平的上司。

"我二三十岁的时候并不擅长沟通，在公司也是独行者。那时，我总是毫不掩饰地表现出'只要自己能提交成果，上司就不会说什么，和团队没什么关系'这种以自我为中心的态度。现在想想，对于上司而言，我应该是很难应付的下属吧。

尽管如此，当时的上司和我擦肩而过的时候，还是会和我说一两句话。然后，会毫无芥蒂地评估我的工作成果。自从遇到这位上司，我对工作和团队的看法慢慢地发生了改变。"

交流让问题得以显现

当时，身为班长的原田，以自己的技术为标准将工作分配给下属，对完不成工作的下属进行了严厉的批评。

"自己的想法是正确的""应该能像自己一样做到"，这些想法在他的脑海中根深蒂固。

但是，"一个人能做到的事情是有限的，一个有120%能力的人和一个有80%能力的人合作的话，整个团队不就可以完成高质量的工作了吗?"。直到遇见那位上司，原田才开始这么想。

不久后，成为管理监督人员的原田以当时的上司为模范，为所有下属提供活跃的平台，将把落后的员工数量降到最低限度视为了目标。然后，就像那位上司曾对他做过的那样，原田也开始重视交流了。

越是让人感到棘手或者难以应付的下属，越是要积极地与之打交道。

面对自上而下直接命令下属工作的领导，下属只会将正面的信息传达上来。因为缺乏沟通，所以会很难发现现场的问题。而如果领导能与下属密切沟通，信息就会被传达上来，领导也会更容易发现问题。

06 领导表现出的"糟糕"会招致失败

公司气氛不佳时问题也会容易出现。
领导要率先积极地行动起来。

领导总是很忙，或者经常不在办公室的话，容易导致失败
频发。

培训师富安辉美曾从她敬畏的上司那里得到了以下建议：

"如果领导皱着眉头说着'糟了糟了''忙死了忙死了'的
话，现场的气氛就会真的变得糟糕。所以，领导必须时常面带
笑容。"

实际上，富安的上司无论遇到怎样糟糕的情况，都是笑眯
眯的，仿佛即便是在困境中也能干净利落地把问题解决一样。
因此他备受下属信赖，非常受欢迎。

有这样的上司在，公司的气氛一定会很明快。

平时就笑眯眯地跟下属打招呼，询问他们"怎么样？工作进展得顺利吗？"，即便下属失败了，也不会斥责他们，反而会鼓励他们"你还能做得更好"。

这样的上司，会得到周围人的爱戴，也很容易得到他人的协助。协助的人一多，当问题出现时，就能顺利地解决它。

"失败"在气氛明快的公司没有藏身之处

上司如果笑眯眯的话，失败和问题也很难有藏身之处。因为在信息方面沟通良好，所以可以营造出全体员工共同解决问题的风气。

相反，上司看起来总是很忙、眉头紧锁的话，公司的气氛就会变得阴暗，下属即使出现失误也会因"反正肯定会被骂"而将失败隐瞒下来。

此外，如果这样的人做了上司，没有下属会积极地与之交流。久而久之，团队的人际关系会变得淡漠，气氛也会变差。

培训师富安说：

"也有一种反论说，气氛明快的单位失误和问题也很多，但这正是失误无处藏身的证据。乍看之下失误很少，但正是因为职场气氛阴暗，失误才有可能隐藏起来。"

某个培训师作为工长被分配到某个部门的时候，说自己最先做的，就是"拿着扫帚和簸箕，每天在工厂内来回走动"。

这样做也是因为这个部门比较新，有许多个性比较强的独行员工，整体士气低落，气氛也不好。

一边在现场来回走动，一边询问"情况怎么样""有没有什么头痛的事情"和下属笑眯眯地搭话，不仅能明白下属带着什么样的想法在工作，还能知道出现了什么问题。而且，通过与下属积极地进行沟通，公司的气氛似乎也变好了。

领导工作不易，有时会遇到各种头痛的事情。尽管如此，也不能总是坐立不安，因为这样会使问题隐藏起来。要知道，**领导率先积极地行动起来是非常重要的。**

07 | 营造能够轻松 讨论问题的环境

> 平时和公司的同事构筑相互信赖的关系，可以在紧要关头防患于未然。

丰田的领导都是要 365 天 24 小时应对突发事故的。半夜或休息日打来的紧急电话，99% 说明出现了严重的问题。紧急电话带来的消息没有好事。

因此，从丰田辞职到日本 OJT 解决方案股份有限公司做培训师的前管理监督人员几乎异口同声地表示，"最高兴的是，再也不必为了半夜或休息日打来的电话而战战兢兢了"。

丰田的领导要面对的问题不仅有工作上的纠纷，还有下属的私人问题。

培训师富安辉美说，曾有一个下属因为糖尿病被医生勒令停止工作。富安和那名下属一起去看过产业医生（是指根据日本《劳动安全卫生法》，在工作场所对从业人员实行健康管理、卫生教育、健康障碍的原因调查和防止复发等医学措施的医生），由医生提供饮食计划等健康管理的援助。

此外，也有培训师为了帮助有债务问题的下属，和下属一起制订还债计划，协助其管理家庭账本的。还有培训师为了减轻下属的心理负担，和下属一起商谈难以言说的家庭问题的。

为什么丰田的领导要这样介入下属的私人生活中呢？

在丰田式自动织机的发明者、丰田集团创立者丰田佐吉的六周年忌辰上制定的丰田纲领中，有如下一句：

"应当发挥温情、友爱的精神，振兴家庭式的好风气。"

也就是说，丰田的每个从业人员都是丰田这一大家庭中的一分子。对待周围的人要秉持友爱的精神，营造家庭式的团队协作风气。

就这样，丰田以"大家庭主义"为基础，对待同事就如同对待家人一般。因此，对于管理监督人员来说，下属就是理应受到保护的"孩子"，当他们有困难的时候，必须为他们提供帮助。

抓住与预防失败相关的信息

虽说如此，应该也有人会说，像这样介入下属的私人生活，自己是办不到的。

我不会说"请像丰田的管理监督人员一样对待下属"，但通过日常的交流，构筑和下属之间的人际关系，有助于防患于未然。

在平日就与下属营造像家人一般亲密的人际关系的话，就可以在出现纠纷之前找到并解决问题。

营造了可以轻松和上司商量、谈论的环境，"某某最近出于私人原因而烦恼，注意力不集中""某某因为家人的看护问题而烦恼，最近很没精神"这些信息就很容易获得。如果能捕捉到这样的信息，就可以和下属谈心，把他们安排到作业负担较少的工序上，从而可以防患于未然。

并且，如果跟下属保持良好的关系，当问题发生时，就可以开门见山地询问"为什么会发生这种事情"，对方也会坦率地回答。保持良好的人际关系，能够更加轻松地查明问题的真正原因。

08 以"对方视角"来分配工作

> 自己能轻松完成的工作，其他人不一定会感觉简单。管理者应结合对方的水平进行指导。

上司能轻松完成的工作，下属不一定能同样轻松地完成。

没有看清对方的水平就分配工作，很容易招致失败。

培训师森川泰博进入日本 OJT 解决方案股份有限公司后第一次到客户企业进行现场改善的时候，就曾遭遇了这样的失败。

森川第一次进行指导的时候，培训师前辈曾给了他忠告："以丰田的角度去看问题的话是行不通的。"

这是因为，丰田作为大企业，在"人、物、金钱、时间"方面的资源都很丰富，丰田生产方式也在整个公司范围内得到了确立。丰田之外的公司即便想要模仿丰田，也不是一朝一夕就能做到的。

但是，刚离开丰田的新进培训师们，很容易从丰田的标准出发，面对客户会不自觉地用"为什么这么简单的事情都做不好"的视角去指导对方。

客户会想反驳"只有丰田才做得到"也是理所当然的事情。

在这样的情况下，尽管前辈已经给了森川建议，但不习惯在丰田以外的地方进行指导的森川，面对说"这种事情我做不到"的人，还是会以强硬的语气询问：

"为什么做不到?!"

不出所料，客户的反应是"那是只有丰田才能做到的事情"。森川说："我深刻地反省了自己的错误，我不应该以丰田的视角来看问题。"关于当时的情况，森川这样回忆道：

"有'丰田的常识并非世间的常识，世间的常识并非丰田的常识'的说法，但我却以丰田的常识来看待那家企业。没有意识到对方在追求什么样的水平，就会以这样自以为是的角度去看待问题。了解对方的工作能力，配合他们的水平，这对上司、下属的关系而言非常重要。"

让对方说明工作的顺序以判断其水平

上司很容易认为"我做得到，所以下属应该也能做到"。但是，下属的能力或技巧却是因人而异的。

应该在了解下属的能力或技巧之后，再把合乎其水平的工作交给他。不这样做的话，下属很可能会出现失误，耗费比预计更长的时间工作，引发重大问题。

为了测定下属的能力或技能，可以让他们说明即将要接手的工作的顺序或做法，这一方法十分有效。

如果下属无法好好说明，就表示他在知识或技能方面有所欠缺。这种情况下，领导要细心地指导下属，或者下达指令，把其他比较容易的工作交给下属去做。

09 要当心不能培养人才的"好人"

> 性格好，也不一定就是一位优秀的上司。乍一看性格不好、比较严肃的上司反而能让下属成长。

失败也有不同的种类。其中，绝对不可以被原谅的就是人才培养上的失败。

在丰田这样的大企业，培育一名能独当一面的科长需要20年的时间。如果在这个过程中耽误了人才培养，要挽回这段时间就不是那么简单的事了。

培训师大岛弘说："性质最恶劣的，就是无法培养人的'好人'。"

"我刚入职的时候，和同期入职的同事一起被分配到了保全部门。当时的工作，一般是由两人一组去完成的，后来的员工会从老员工处偷学工作的方法，如同身处匠人的世界。和我同期的同事跟着一个严肃的老员工，总是被训斥。而我跟的是一个温柔的老员工，我从来没有被他严厉地斥责过，他很疼爱我。我想同期的同事会很羡慕我，而我也觉得同事很可怜。

五年之后，那种环境的差异孕育了某种巨大的差异。严格的老员工培养的同事能做到的工作，我却做不到。'这样下去我只能原地踏步'，我有了这种危机感后开始拼命地学习工作方法，强迫自己拿出反超过去的劲头。现在回头想想，性格好但是不教你工作上的事情的'好前辈'要不得。"

"性格不好"的上司更能培养人

在和性格好的老员工或者上司一起的时候，你或许会感到很舒服，但是学不到什么东西。因为不想惹人讨厌，"好人"不会说严厉的话，对下属也是娇惯着。但从长远来看，这对下属而言并不是什么好事。

乍一看，"性格不好"的老员工或上司，因为想认真培养新人，所以说话会很严厉，态度也会很强势。从长远来看，这种严厉的上司培养出来的下属可以说是真的得到了培养。

培训师大岛弘也说："在丰田，那种拼命跟着严厉的上司学习的员工不仅工作能力强，还能胜任更重要的职位。"

虽然很严厉，但是工作能力强，这样的上司才能培养人。

领导的四种类型

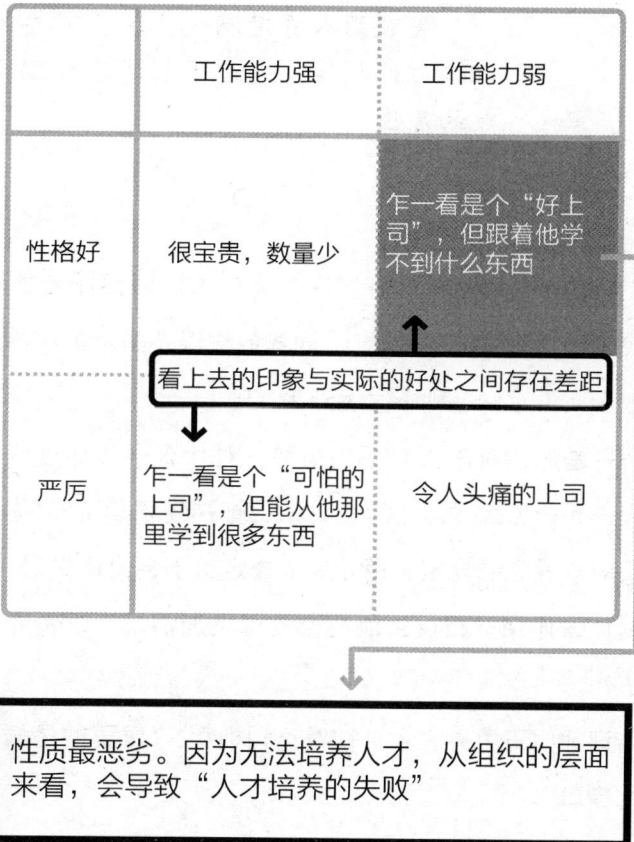

	工作能力强	工作能力弱
性格好	很宝贵，数量少	乍一看是个"好上司"，但跟着他学不到什么东西
严厉	乍一看是个"可怕的上司"，但能从他那里学到很多东西	令人头痛的上司

看上去的印象与实际的好处之间存在差距

性质最恶劣。因为无法培养人才，从组织的层面来看，会导致"人才培养的失败"

10 | 听听"借口"

> 失败的人肯定满腹牢骚，不要不分青红皂白地训斥，通过了解情况可以消除失败的原因。

无论什么公司，都会有屡次失误的人。即便斥责他说"不要让我每次都重复一样的话"，同样的失误还是会再次出现。应该有很多人为对付这种下属感到头痛吧。

特别是那些对工作有不满情绪，对什么事情都进行负面思考的人，无论怎么严厉地斥责"给我把神经绷紧了""你为什么会违反应该遵守的规定？遵守这个规定就不会出现失误"，也不会起到什么作用。相反，他们会变得更加消沉，或者变得更加排斥工作。

培训师原田敏男表示，针对这种类型，**"重要的是倾听一下他们的借口"**。

某天，原田的部门来了一名因不情愿被调职而心怀不满的下属。即使是在新的部门，他也觉得"我被歧视了"。这种心态让他没有办法投入工作，注意力很分散，也容易出现失误。而他也确实重复了多次同样的失误。

原田是怎么做的呢？他没有斥责这名下属，而是设法制造了两人单独谈话的机会。

原田没有因为他的失误而斥责他，而是首先倾听了他的"借口"。**没能遵守规定，其中一定有什么原因的。**

下属最初迟迟不愿向原田打开心扉，但原田保持了不斥责、认真倾听的态度，下属终于开始吐露自己的心事："我没有从上司那里得到好的评价，他还让我换部门，这让我觉得自己被歧视了，所以觉得遵守规定也没有意义……"

于是，原田跟下属说："也许你在之前的部门会觉得自己受到了歧视，但我绝对没有歧视你。"原田倾听了下属的诸多不满，并将之一一解决了。

原田说：

"对于封闭内心的下属，严厉的斥责、反驳都只会让他们排斥，首先要听一听他们的借口，让他们发泄出来，然后，再将他们的不满逐一解决。这样做的话，他们会慢慢向你打开心扉，也有人会在吐露了自己的想法之后立马松了一口气流下眼泪。这样一来，他们会积极地看待工作，单纯的失误自然就减少了。"

让对方打开心扉是预防失误的捷径

培训师原田说，从丰田退休后开始指导客户以来，他也一直秉持着这样的态度。

培训师并不一定会受到客户公司现场的员工们的欢迎。接受培训师指导的一方中，有很多人会有这样的情绪："明明至今为止都没出过问题，却有说多余事情的家伙过来了。""因为我们自己不行，所以培训师是过来纠正我们的。"也就是说，他们一开始会敌视培训师。

在某家客户公司里也是如此。在刚开始的一年里，员工完全不和原田交心，一开口就是反驳的话，其中还有对原田怒目而视的人。

但是，原田一直秉持"倾听对方说话"的态度，积极地参加联谊会这样的活动。

随后，原田很有耐心地持续与员工们沟通，终于在第二年改变了大家对他的印象，让大家知道"培训师不是坏人，更不是敌人"。有员工会笑着跟原田打招呼了，也有员工会跟原田商量事情了。持续做了一年的改善指导后，工作也出了成果，员工逐渐变得会听原田的话，积极地去开展改善工作了。

为了消除下属的失误，人们普遍认为严厉的斥责见效快，但那只是表面上的处理，下属对待工作的态度并不会有什么变化，失误还是会再次出现。

虽然会花费很多时间，但是通过认真倾听对方说的话，就可以培养出不会失误的下属。**让对方打开心扉，是预防失误的捷径。**

第 5 章

失败孕育创造

01 | 失败是成功之母

> 失败是成功之母。面对新挑战或者对付难题时，"积极正面地迎接失败"尤为重要。

2016 年 4 月，在迎接新年度之际，社长丰田章男以"2016年度全球公司方针"为主题，向员工发送了以下信息：

"让我们站在击球区吧。三击未中没关系，错过机会可不行，不要害怕打空球。即使如此也三击未中的话，大家就互相称赞'打得漂亮'吧。"

也就是说，丰田不希望员工以至今为止惯用的工作风格去工作，而是希望员工能够下狠心去挑战难以出结果的、有难度的工作。即便结果不尽如人意，也希望能营造出一种高度评价员工挑战困难的态度的风气。丰田章男向全体员工传达的就是这样的信息。简而言之，丰田让大家意识到了失败是成长的食粮这一道理。

不去挑战新的或者困难的事情，也就不会有失败。失败，也是挑战的证据。

因此，在丰田有敢于让下属失败的上司。虽然上司也会训斥重复同样错误的人，但是对于那些勇于挑战新鲜事物或者困难工作的、积极迎接失败的人，上司会称赞其："干得好!"

没有失败就没有成长

培训师土屋仁志断言："没有失败就没有成长。"

"没有不存在失败的世界，也没有不曾失败的人。人也不是喜欢失败才失败的。但是，现在仍有很多企业认为'失败是不可饶恕的'。如果一失败就会被斥责的话，员工就会畏缩，变得只愿意做不会失败的简单工作或者既定工作。如果将失败视为挑战的结果，上司就必须对下属的失败抱以称得上赞扬的态度。

要是惧怕失败不去挑战的话，不仅员工不会成长，公司也不会成长。从失败中我们不仅能学到东西，还能吸取经验教训，将其用于下个工作当中。我希望能有更多不会将失败的责任转嫁到个人头上的公司。"

不必害怕失败。虽然重复同样的失败难以让人成长，但是，历经挑战的失败会成为成功的食粮。

失败是前进的动力

培训师大岛弘还说："失败是成功不可或缺的经历。"

"进展顺利的事情会随着时间的流逝忘得一干二净，但是'失败'会作为痛苦的回忆留在记忆当中。我年轻的时候也老是失败，但从中也涌出了'我会报复回来的'这样的能量，我也因此得到了不断的进步。

我经常和下属说，如果有困难的工作和简单的工作，我们应该选择困难的工作去挑战。虽然失败的概率很高，但是能从中得到更多宝贵的经验或技能。"

首先，必须转变"失败是坏事"的这种认知。

02 | 为"过程"打上聚光灯

> 营造不畏惧失败勇于挑战的职场的秘诀不是去评估眼前的结果或数字，而是去评估"过程"。

不去挑战，就无法完成新的事情。

要想让下属不畏惧失败，勇于挑战新鲜事物，上司就必须对下属的做法给予好评。斥责失败的下属，将责任推到个人头上，这样的公司无法孕育出积极挑战的文化。

培训师高木新治说，要想拥有高度创造性、自律的职场，领导们必须"将聚光灯打向年轻人的工作"。

高木曾负责的设备加工工作不同于流水线上的工作，几乎没有完全相同的工作内容，每次都要给不一样的设备制造零件。因此，有很多无先例可循的、棘手的工作，需要员工以不怕失败、勇于挑战的态度去工作。

但是，当时发生了一起重大事故。随后，公司的士气显著低落，在负面氛围的影响之下，勇于挑战的风气变弱了。高木产生了一种危机感。

这时，新的领导上任了。他直言不讳地对高木说："高木，这个部门真没意思。"

高木立即明白了，领导其实是想说"这个部门缺乏勇于挑战的精神"。

不要被眼前的数字束缚，要让下属去挑战困难的工作

于是，高木产生了一个念头。他让部门内正在做有挑战性的、有趣的工作的年轻人站上舞台。也就是说，在部门内部的报告会上，让年轻人就现在的工作在大家的面前发表自己是如何使之实现的。同时，也让挑战过困难工作的人报告他们的工作过程。

例如，某个年轻人试着在铁板上开出一个百分之一毫米的孔，但是钻孔机的旋转轴发生了偏离，没办法顺利进行作业。于是，他使用高性能的 CCD 摄影机以超高速慢镜头拍摄了钻孔机的动作，分析并找出了发生偏离的原因。然后，为了防止旋转偏离，他使用模拟设备做了微调，以这种巧妙的方法成功地开出了百分之一毫米的孔。

要让年轻人在管理监督人员面前发表自己的挑战经历。

高木这样回顾道：

"我将这个活动命名为'充满心跳与干劲的活动'。将目光凝聚在员工的工作进展上，通过让员工本人发表挑战经历，为年轻人的干劲点上一把火。慢慢地，就营造出了勇于挑战新鲜事物的氛围。

要是我的上司没有说'真没意思'的话，也许我们的部门会变成员工只会平淡地熟练完成上司交代的工作或老一套的工作的部门。上司不仅要给下属下达复杂的课题，还要对工作的进展给予高度的关注并进行评价，只有这样，才能培养出不怕失败的下属。"

高木还说，在他率领三班轮流制的团队时，为了提高下属的技能水平并激发他们的积极性，他选择了将更难的工作交给下属。

做着完全一样的工作的三班制团队中，高木所属团队的生产率是最低的，但是因为挑战了困难的工作，上司并没有因为数字问题而斥责他们。最终，他们提升了自己。

不要局限于眼前的数字，而要预见下属未来的成长，营造能让下属挑战困难工作的环境。

03 在新工作上失败是很正常的

> 如果是第一次接触的工作，失败是很正常的。重要的是要从失败中学习，并思考如何将经验教训应用起来。

第一次接触的工作需要不断地进行试验调整，失败是很正常的事情。

培训师桥本亘在担任科长的时候负责过雷克萨斯流水线上的涂装工序。

当时，雷克萨斯的生产线才刚刚建立，引入了很多最新技术，而在涂装这个工序中被要求使用的是一种叫做"二液涂装"的新技术。

和字面意思一样，这是一种混合两种涂料来涂装的方法。虽然欧洲的工厂已经引进了这项技术，但是涂料经常会凝结在阀门里，而且混合的配方难以调和，导致品质难以保证。

这种情况下，检查人员在涂装后的检查工序中发现，涂装的地方有一部分出现了异常，模糊不清。原本是要以 7∶3 的比例进行二液涂装的，结果比例却变成了 8∶2 或者 9∶1。

对当时发生的事情，桥本这样回忆道：

"用肉眼检查出问题的雷克萨斯有 30 多辆。有人提议说，其他的雷克萨斯只要肉眼发现不了问题就可以了。但是，同一天作业的雷克萨斯出现质量问题的可能性也不是完全没有。因此，我们最后决定将可能有问题的共计 88 辆雷克萨斯全部报废处理。做出这个决定主要是考虑到雷克萨斯是高级汽车的品牌，哪怕有一丝出现质量问题的可能性，都不可以投放市场。"

摔倒了也要捡个 100 日元硬币再起来

经调查发现，导致问题的原因是涂装机器人的机械臂中的软管破裂，涂料泄漏。

从那以后，为了让问题能够一目了然，工作人员将软管改到了机械臂的外部，让问题仅用肉眼就能检查出来。结果，雷克萨斯的涂装技巧被国内外的工厂横向扩展，为雷克萨斯全体生产线的品质稳定做出了贡献。

对于刚接手的新工作，失败是很正常的。

重要的是思考防止失败再次发生的对策。通过这样的积累和横展，工作的质量必定会得到提高。

培训师森川泰博说，他时常从上司那里听到一句话：

"摔倒了也要捡个 100 日元硬币再起来。"

也就是说，失败了也不能只是爬起来，而是要查明失败的原因并加以改善。我们必须时刻保持这样的态度。

新工作，出现问题是很正常的，要秉持这样的姿态去工作。**害怕失败、不敢挑战新鲜事物的人，将来必定会承受更大的危机。**

04 | "回到原点"的话就思考行不通的理由

> 如果挑战之后依然失败了，最糟的情况也不过是回到原点。但如果不分析过程的话，挑战就会以"真正的失败"告终。

即便挑战了，也有进展不顺利的时候。

培训师森川泰博说，他以前的上司经常说这样一句话：

"行不通的话回到原点就可以了。但是，回到原点是有诀窍的。"

以下是森川在指导日本企业的中国工厂时发生的事情。流水线正在进行从批量生产转换到定量生产的改革，但在现场实行定量生产的过程中却引发了各种各样的问题。

定量生产（订货生产）是一种生产方式，指从零件的生产到组装完成仅以客户所需要的"每一个"作为单位进行生产，可以说体现了丰田 Just in Time 的工作方式，即"只在必要的时候做必要的事情"。与将许多产品集中在一起生产、一道工序完成不了就无法进入下一道工序的批量生产相比，投产准备阶段较短，生产率也更高。

　　但是，从批量生产转换到定量生产，这对现场的人来说是很大的负担。对在工厂流水线工作的人来说，只是稍微改变一下零件的位置或站立的地方都有可能打乱工作节奏，让作业人员无法顺利地进行作业。

　　从变化的大小这个角度来考虑的话，定量生产对作业人员来说是很艰难的考验。

　　这个时候，现场的当事人会不断地想办法进行各种尝试，在一旁看着的高层人员会有"看吧，果然进展得不顺利，放弃它回归原本的生产方式怎么样"这样的意见。

　　但是，挑战新鲜事物的时候，出现意想不到的问题是十分正常的。问题出现了比赛才真正开始，所以必须努力查明问题的真正原因并解决。

　　如果无论如何都没办法顺利进行的话，还有"回到原点"这个选项。

"回到原点"也有方法可循

不过，在做出这个决定的时候，也不能只是单纯地回到原点。回到原点也有方法可循。

要刨根问底，思考"为什么不能顺利进行"。

在此基础上，如果判断出过去的做法存在很大的问题，就要尽可能地将它排除掉再回到原点。

例如，要回到批量生产的话，可以只保证陷入瓶颈的工序的库存，而去掉其他工序的库存这样的形式来抑制库存增长这一批量生产的大问题。

因为行不通而单纯地回到原点的话，就只能和字面意思一样以失败告终。只要能找出问题的真正原因，就能在别的方法中发现一条活路，就不会让同样的失败再度出现。

即便是回到原点，也要思考无法顺利进行的原因，这一过程必不可少。

05 从"巧迟拙速"向一百分迈进

> 虽然不行动就不会失败，但也无法取得成功。成功的秘诀是即便知道成功的概率是 60%，也要勇敢去尝试。

害怕失败而不行动的话，不仅无法挑战新鲜事物，还无法取得巨大的成果。

在丰田，为了促使下属行动，上司经常使用"巧迟拙速"这样一个词语。

所谓"巧迟"，是指尽管想法很好，但是很花时间，即制订好周密的计划，备齐了百分之百成功的条件才去行动。

所谓"拙速"，是指哪怕现在只有一个能做出来的成果，也要早一点行动，即便被认为是幼稚的改善也要雷厉风行地去做做看。

丰田会高度评价的，当然是"拙速"。

将百分之百的条件备齐才开始的话，工作的速度会变慢。

成功的可能性哪怕只有 60% 也要开始去做，这样不仅可以保证工作的速度，还可以提高工作的质量。

以下是培训师桥本亘在某家客户公司进行改善指导时发生的事情。

刚开始着手工作时，桥本让员工给自己看了一下公司的仓库，发现能用一个月的库存在仓库里堆积如山。负责人挺起胸膛说："库存备有一个月的量，不会发生断货问题了。"但是，保有超出必需量的库存就是浪费。库存本身不能产生利益，而且为了保存和管理，库存还会增加企业的支出。保留不会造成断货所需要的最小限度的库存才能带来利益。

针对保有过量库存的问题，桥本提出了变换生产方式的提案。此前，A、B、C 三种产品各自生产出了能用一个月的数量，桥本让员工在每天的生产中都将 A、B、C 三种产品成套生产。这样一来，不仅减少了库存，还能迅速应对市场的需求。

随着生产方式的变化，工厂的布局、程序、步数和流动线等都会发生变化。所以在生产方式发生改变后，桥本从现场的从业人员那里听到了这样的抱怨：

"工厂布局的改变令很多零件的移动无法顺利进行，也增加了很多浪费。这次的改善也许失败了。"

对于那时的情况，桥本这样回忆道：

"将此前的大批量生产改为小批量生产，自然会出现不能顺利进行作业的企业部分，刚开始就想拿到满分是不可能的。重要的是迈出改变生产方式的第一步，这种勇气才是有价值的。我将这个告诉改善计划组的成员之后，他们让我进一步地做了更多的改善，移动零件时产生的问题也立刻得到了解决。最终，我们成功地减少了库存。"

"拙速" 也需要做好准备

在挑战新鲜事物时，"拙速"十分重要。**从行动的结果来看，或许会有进展不顺利的地方，但只要将其一一改善，逐一攻破就可以了。**

效率就是生命，但也不能因此就忽略了事前的准备工作。

即便顺利进行的概率只有 60%，我们也要提前做好一切可以做的准备。如果没能做好必要的准备，那么原本可以顺利进行的工作也会变得不顺利。

06 | 制造"可以挽回的余地"

> 如果失败了，那就从头开始。在丰田，人人有"挽回"的机会。

在丰田，即使失败了也不会被问责。通过从失败中学习、积累经验来挽回失败的机会应有尽有。

话虽如此，年轻的时候能在公司发挥自己的领导力、挑战新鲜事物的机会其实并不太多，挽回失败的机会也很少。而且，还有不少年轻人因为不适应工作的内容或者环境时常失败，从而得不到好的评价。

培训师桥本亘表示："我在年轻的时候也是停滞不前的。"

"年轻的时候，虽然我也想好好工作，但是老实说每天都过得平淡无奇。进入公司之后我所分配到的基础工作，通常只要半年左右就能够熟练掌握，但是我却花了一年半的时间，比同期入职的同事慢了很多。当然，也没能得到好的评价。所以，我对上司抱着一种反抗的态度。而改变了我那停滞不前的状态的是'技专'。

技专（技能专修课程）是丰田教育制度的一种，只从 25 岁至 30 岁担任技术职位的、希望参加学习的人中选拔学员。其目的在于通过登山、街头调查、辩论以及在专业以外的职场实习等活动，锻炼员工在生产现场迟迟不能具备的纪律性与耐力。

工作能力强但品行不良的前辈从技专回来之后，仿佛换了一种精神状态，开始以积极的态度对待工作。看到了他的改变，我也对技专产生了兴趣，于是跟上司申请去技专，在第二次的挑战中合格了。

技专的指导虽然很严格，但都是可以用来提高工作积极性的。在辩论大会上，我将写了 8 页纸的内容全部背了下来，并一字一句毫无错漏地进行发表。从而认识到'自己也是只要想做就能做到的人'，有了信心。回到公司后，我就像重生了一样，也能够以积极的态度来对待工作了。

停滞不前的自己能够在日后当上丰田的管理监督人员，能像现在这样以培训师的身份指导企业，我想，是技专给了我挽回的余地。"

成为挽回余地的"非正式活动"

培训师桥本说:"现在能让工作不顺的年轻人拥有挽回余地的,是丰田的非正式活动。"

如同之前所说的那样,在丰田,"非正式活动"开展得如火如荼。通过开展公司之外的活动,可以扩展丰田员工的横向网络。

人的价值并不是只由工作能力决定的,即使在现在的职场不能发挥出自己的能力,也有很多人以自己的才能活跃在非正式活动等职场外的活动中。

培训师桥本曾经的下属中,有一名遭遇了交通事故的年轻员工,他因此对自己丧失了信心。

于是,桥本通知要在工厂内部募集有关交通安全的标语,并跟他说:"在这里挽回损失吧。"

之后,那名年轻员工参加了工厂交通安全标语的募集,而且获得了金奖。他因为得到了金奖而恢复了自信,也变得能以积极的态度对待工作了。

凭借工作之外的活动保持工作积极性的案例并不少见。

在职场之外的地方体验当领导的感觉

可以通过在职场之外的活动中担任领导来恢复自信。

培训师富安辉美说，他让下属去参加非正式活动时对下属说："无论如何你都要给我去当一回领导。"

"这名下属是因为原本的公司倒闭了才进入丰田的。他从来没有参加过非正式活动，这个时候我向他提议'接受领导的工作'。因为，漫无目的地去参加活动与为了发挥自己的领导力而参加活动所能得到的东西是不一样的。那名下属实际体验了领导工作之后，从非正式活动中受到了强烈的启发，变得能以积极的态度去对待工作了。"

无论是在多么小的团体中，体验了领导工作，就能重拾自信。

在普通的公司也是，我推荐大家到其他组织里体验领导工作。同好会也好、同学会也好、地域的集会也好，甚至吃饭聚会也可以，从这些活动中获得的领导经验会化作强大的自信，催生出不怕失败直面挑战的精神。

07 "永不言弃"方能创造奇迹

> 在认为自己"做不到"而放弃的瞬间你就已经"失败"了。永不放弃，不断前进，就不会"失败"。

和其他公司一样，在丰田也时常会出现暂时得不到自己所设想的结果的情况。即便如此，只有抱着决不放弃的态度继续前进，最终才能摘取胜利的果实。

没有"不放弃"的态度的话，就会和其他公司一样以失败告终。

在日本 OJT 解决方案股份有限公司中担任理事的森户正和说：**"在丰田扮演管理角色的，很多是不轻言放弃的人。"**

"丰田管理监督人员的人事评价中，有'革新的想法''适当的状况判断''员工的信赖感、活力'等 10 个评价项目。其中，还有一个'有毅力'的项目，在这个项目上评分特别突出的管理监督人员在丰田不在少数。"

这说明丰田十分重视不让失误以失败告终的"永不放弃的态度"。

"做不到"是因为没有做到极限

下面让我来介绍一个被誉为"丰田生产方式第一人"的人物轶事吧。

他在年轻的时候，听从当时上司的指示，被派遣去给某个供货商引入"告示牌"。

所谓"告示牌"，是丰田为了实现 Just In Time（只在必要的时候做必要的事情）而运用的一种管理工具。告示牌上会记录生产搬运"何物、何时、何地、数量"的指示。

在供货商那里，告示牌的引进工作一直进行得很顺利。但突然有一天，他发现有一个告示牌不见了。

他从上司那里得到了"务必要找到消失的告示牌"的指示，但就是没找着。他放弃了寻找去跟上司报告情况，上司对他说：

"你找不到，是因为没有一直找到发现它为止。"

他想着"这人说话真是毫无道理"，带着半是放弃的想法，同时又觉得要是举白旗投降的话也挺不甘心的，结果，他一直找到了深夜。

　　终于，他在螺丝钉箱子底部发现了粘在内侧的告示牌。当时，将告示牌放在零件的上面是理所当然的，但告示牌却粘在了堆在上面的箱子底部。

　　他认为这是告示牌不见了的一个原因，并对其进行了改善。他在箱子的侧面做了一个架子，将告示牌立在那里。这样一来，不仅告示牌不会再丢失，即便将箱子叠在一起也能一目了然地看到告示牌上的指示，这是个一石二鸟的对策。

　　如果他放弃了，没有发现告示牌的话，就没办法做出这样的应对。最终，告示牌的引进工作也会延误。

　　正因为丰田能够不断改进工作，才铸就了强大的现场。

结　语

　　现在的丰田放在日本或者全球来看，也是最为成功的企业之一。

　　但是，从"失败是成功之母"这句话来思考的话，丰田或许也是世界上经历最多失败的企业之一。

　　当然，只是重复失败的话，自然不会有什么业绩。丰田人贯彻落实了本书所写的"丰田失败学"，努力地不让同样的失败再次出现。

　　支撑"丰田失败学"的架构之一，就是严格培养全体员工解决问题的能力。各部门不仅要把员工送去参加培训，领导和老员工还要带着比新员工更强的当事人意识去指导新员工的职场实践。这样的情况不是出现在特定的部门，而是出现在丰田的所有部门。

　　通过对下属进行这样的指导，领导和员工都能得到成长，人们也能更加深入地理解改善工作以及解决问题的重要性。这有利于在职场中营造"教导/学习"的风气。

　　但是，只要有"教导/学习"的风气，人们就能果断地应对问题吗？现实是，很多情况下，问题并不能按预想的那样得以解决，对于丰田而言也是一样的。

　　那么，丰田的从业人员不会害怕失败吗？

　　当然不是。绝大部分的丰田从业人员还是希望尽可能地避免失败的。

　　关键在于他们的领导、老员工和职场风气。

　　"有60%的可能性的话，就马上去做！"

　　"巧迟拙速。"

　　"站在击球区。"

　　在丰田，经常能听到这些话。

　　丰田不会在事前给员工留下犹豫的时间。而且，万一失败了也不会让员工就此放弃。

　　即使员工报告说"我做不到"也不会挨骂，但如果员工说"我不想再挑战了"，便会受到严厉的斥责。

　　在不合情理的、难以实现的、交货准备期很短的议题上，领导即便理解了工作实行的难度，也不会允许下属放弃。领导会说"放弃不是工作应有的态度"，会让下属明确自己能够做到的事，还会进一步要求下属"把失败的教训横向扩展"。

领导会通过各种手段，设法让下属不要放弃挑战。通过保持"不放弃"的想法，即便在过程中遭遇失败，也要让下属努力靠近最终的成功。

我们日本 OJT 解决方案股份有限公司的培训师拥有长达 40年在丰田现场指导的知识与经验，在各种各样的客户现场通过实践改善培养着人才。

虽然要应对的课题很广泛，但在客户公司，培养员工如何在失败中学习、如何不让他们放弃挑战这些方面所做的指导工作是一如既往的。培训师会亲自展示"从失败中学习""不轻言放弃"的态度，让客户公司的员工能够每天不断地迎接挑战。

日本 OJT 解决方案股份有限公司

东方出版社助力中国制造业升级

定价：28.00 元

定价：32.00 元

定价：32.00 元

定价：32.00 元

定价：32.00 元

定价：32.00 元

定价：30.00 元

定价：30.00 元

定价：32.00 元

定价：28.00 元

定价: 28.00 元

定价: 36.00 元

定价: 30.00 元

定价: 32.00 元

定价: 32.00 元

定价: 32.00 元

定价: 38.00 元

定价: 26.00 元

定价: 36.00 元

定价: 22.00 元

定价: 32.00 元

定价: 36.00 元

定价: 36.00 元

定价: 36.00 元

定价: 38.00 元

定价: 28.00 元

定价: 38.00 元

定价: 36.00 元

定价: 38.00 元

定价: 36.00 元

定价: 36.00 元

定价: 46.00 元

定价: 38.00 元

定价: 42.00 元

定价: 49.80 元

定价: 38.00 元

定价: 38.00 元

定价: 38.00 元

定价: 45.00 元

定价: 52.00 元

定价: 42.00 元

定价: 42.00 元

定价: 48.00 元

定价: 58.00 元

定价: 48.00 元

定价: 58.00 元

定价: 58.00 元

定价: 42.00 元

"精益制造" 专家委员会

齐二石　天津大学教授（首席专家）

郑　力　清华大学教授（首席专家）

李从东　暨南大学教授（首席专家）

江志斌　上海交通大学教授（首席专家）

关田铁洪（日本）　原日本能率协会技术部部长（首席专家）

蒋维豪（中国台湾）　益友会专家委员会首席专家（首席专家）

李兆华（中国台湾）　知名丰田生产方式专家

鲁建厦　浙江工业大学教授

张顺堂　山东工商大学教授

许映秋　东南大学教授

张新敏　沈阳工业大学教授

蒋国璋　武汉科技大学教授

张绪柱　山东大学教授

李新凯　中国机械工程学会工业工程专业委会委员

屈　挺　暨南大学教授

肖　燕　重庆理工大学副教授

郭洪飞　暨南大学副教授

毛少华　广汽丰田汽车有限公司部长

1/ 丰田的改善从"失败"开始

2/ 让失败"可视化"

3/ 变失败为"成功"的技巧

4/ 灵活处理失败问题的交流方法

5/ 失败孕育创造

东方管理评论　东方出版社　京东旗舰店

上架建议　企业管理

ISBN 978-7-5207-0019-1

9 787520 700191 >

定价：58.00元